Avec votre enfant, associez l'action à la parole.
Nommez l'image, il la montrera et mimera les gestes
du personnage dessiné.

mimer

Tu te caches.

Tu fais bravo.

Tu suces ton pouce.

Tu tires la langue.

Tu fais un bisou.

Tu dis au revoir.

Découvre les chiffres

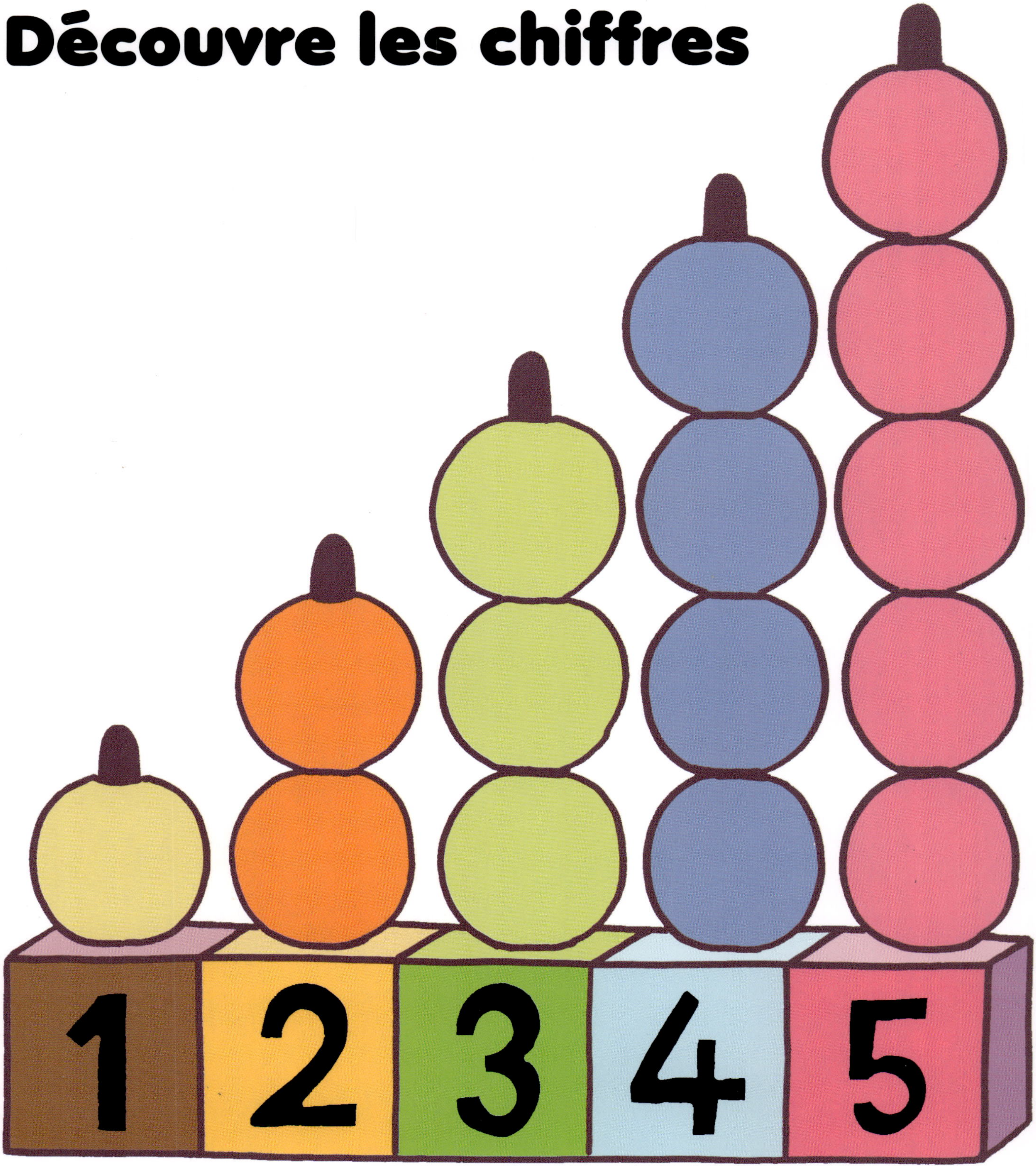

Les enfants aiment jouer à compter. Posez votre doigt sous le 1 : votre enfant montrera la première boule. Faites de même avec le 2, le 3, le 4 et le 5 pour l'amener, peu à peu, à compter jusqu'à 5.

compter
nommer

Jouez ensemble à compter les petits éléments correspondant à chaque chiffre.

Joue avec les mains

1

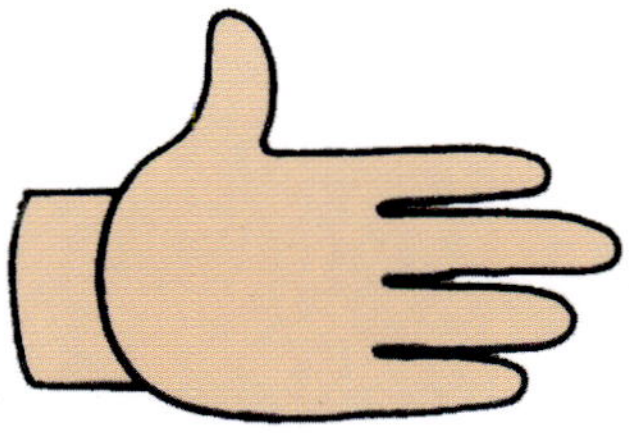

Monsieur pouce
vient de se lever.

2

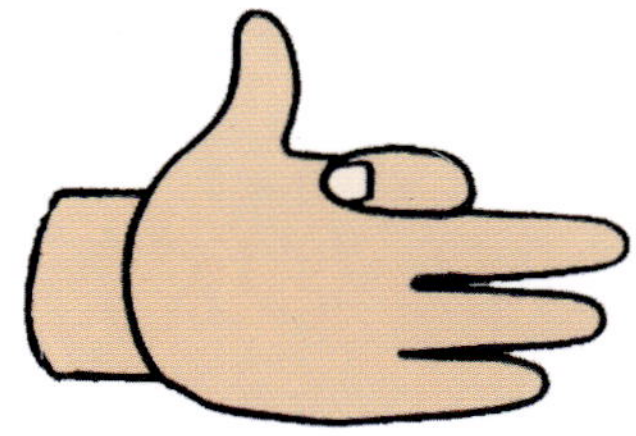

L'index part
se coucher.

3

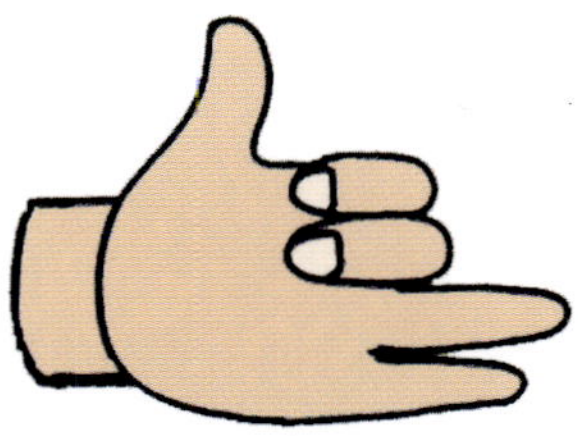

Le majeur
à ses côtés.

4

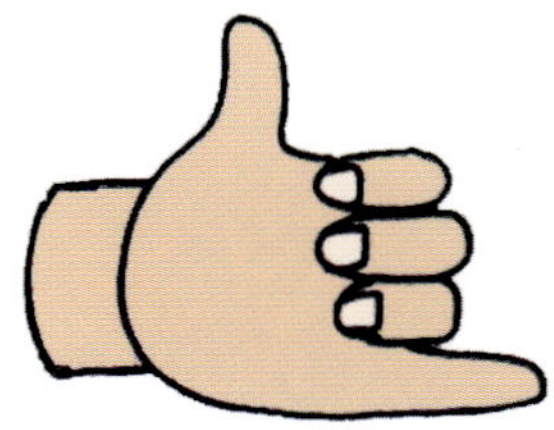

L'annulaire
s'est caché.

5

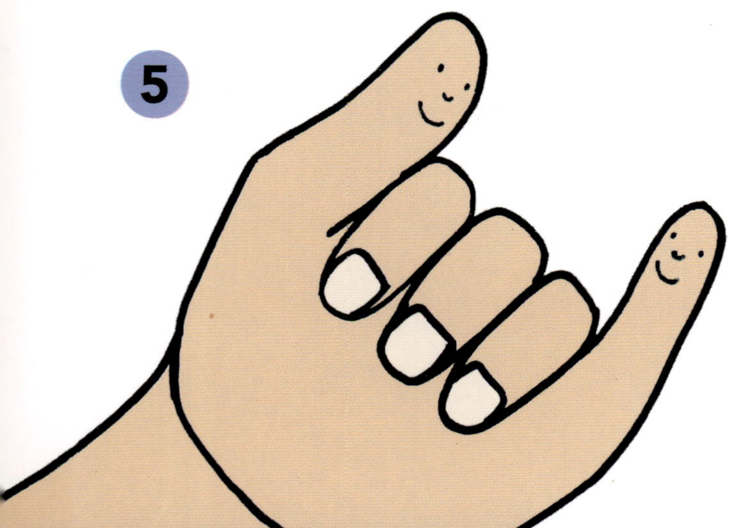

Et l'auriculaire dit :

– Coucou papa pouce !
Tu me fais un baiser ?

Faites l'animation avec vos doigts.

nommer
suivre un tracé

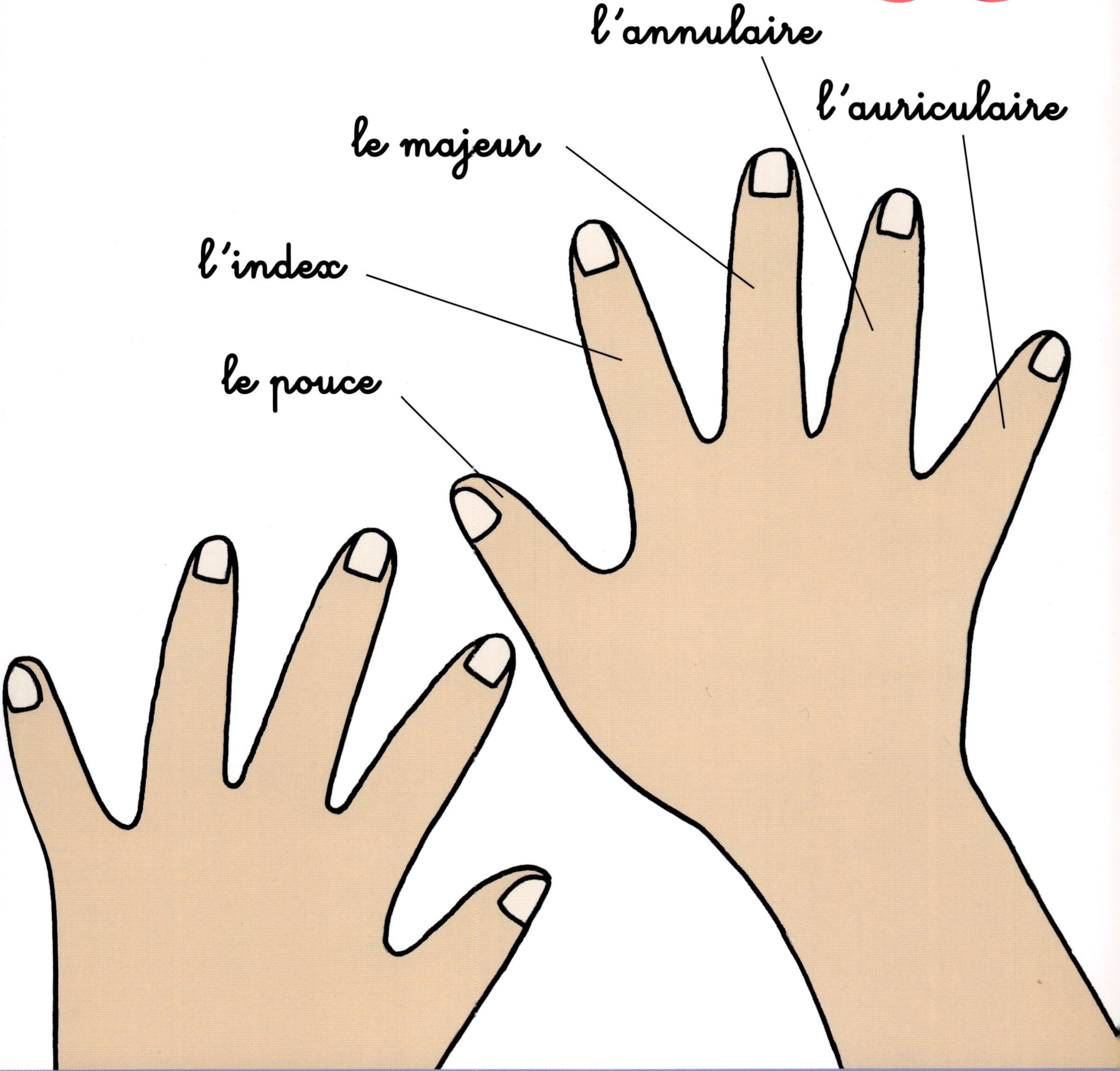

Invitez d'abord votre enfant à placer ses mains sur celles qui sont dessinées. Demandez-lui ensuite de suivre leur contour avec son doigt pour développer son habileté graphique. Enfin, vous pointerez et nommerez les doigts sur l'image, sur vos mains et sur les siennes.

Cache-cache couleurs

Observez d'abord la page ensemble, puis masquez une pastille de couleur avec votre main. Votre enfant devra deviner et nommer la couleur cachée.

Le pull est...

« Le pull est jaune. »... Votre enfant montrera la pastille de la couleur correspondante sur la page de gauche. « De quelle couleur est le pull ? »... Votre enfant répondra en montrant la pastille jaune et en nommant la couleur.

Où est maman lapin ?

Avec tes mains, fais
les oreilles de Lulu.

1 2 *Lulu est un bébé lapin.*
Il a deux grandes oreilles
et une petite queue.

Pose ton poing fermé
sur tes fesses pour faire
la petite queue.

Saute accroupi.

3 *Lulu saute,*
saute dans les prés.

Choisissez un gros oreiller et faites-lui deux « oreilles » : c'est maman lapin !
Racontez l'histoire en demandant à votre enfant de mimer le petit lapin.

4 *Hélas, Lulu est allé trop loin :*
il a perdu maman lapin.
Lulu pleure !

Fais semblant
de pleurer.

5 *Il cherche sa maman partout !*
Soudain, il voit deux petites
oreilles qui dépassent d'un buisson :
c'est sa maman !

Pars à la recherche
de maman lapin.

6 *Lulu fait un câlin*
à maman lapin !

Fais-lui
un gros câlin !

En répétant plusieurs fois l'histoire, votre enfant mémorisera les gestes et les enchaînera pendant que vous la raconterez. Vous pourrez cacher l'oreiller-lapin à différents endroits pour qu'il le cherche à chaque fois.

La chasse aux couleurs

Rouge comme...

... la tomate !

Jaune comme...

... la banane !

Nommez une couleur, et l'enfant citera les objets de cette couleur.
Ensuite, trouvez d'autres objets de la même couleur dans la maison.

repérer
les couleurs

Bleu comme...

... la baleine !

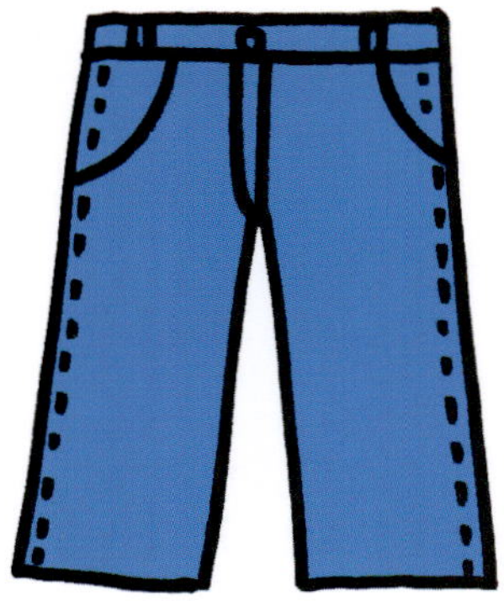

Vert comme...

... la grenouille !

Amusez-vous aussi à étaler des petits bonbons de couleur sur une table
et demandez à votre enfant de les trier car vous n'aimez que les rouges !

En forme !

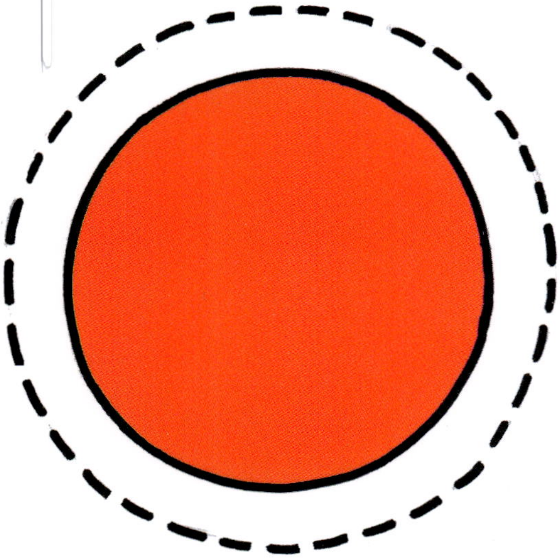

le rond

le carré

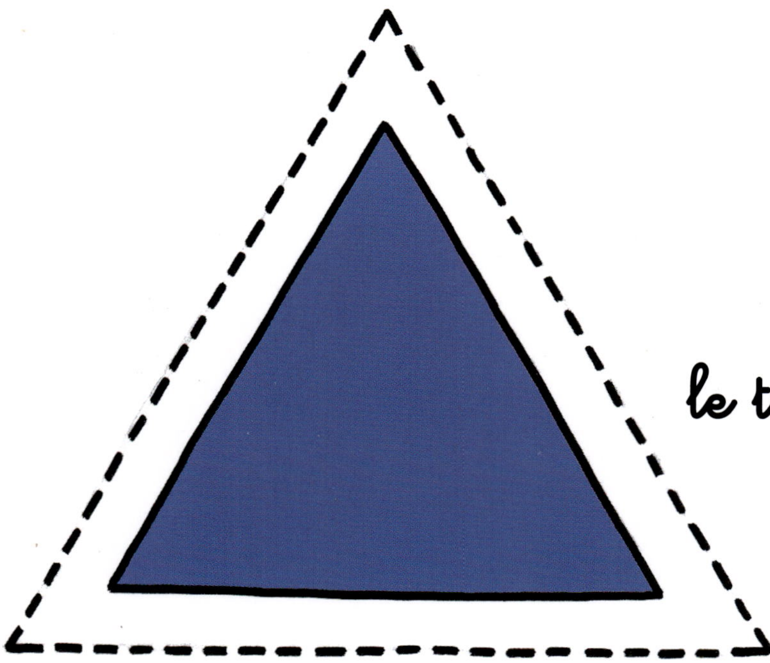

le triangle

Partez avec votre enfant à la découverte des formes en passant le doigt sur les pointillés.

nommer
trier

Demandez à votre enfant de chercher les carrés, les ronds et les triangles parmi les objets dessinés. Prolongez le jeu en explorant la maison pour retrouver ces formes : ballon, assiette, boîte…

Tes mains pour compter

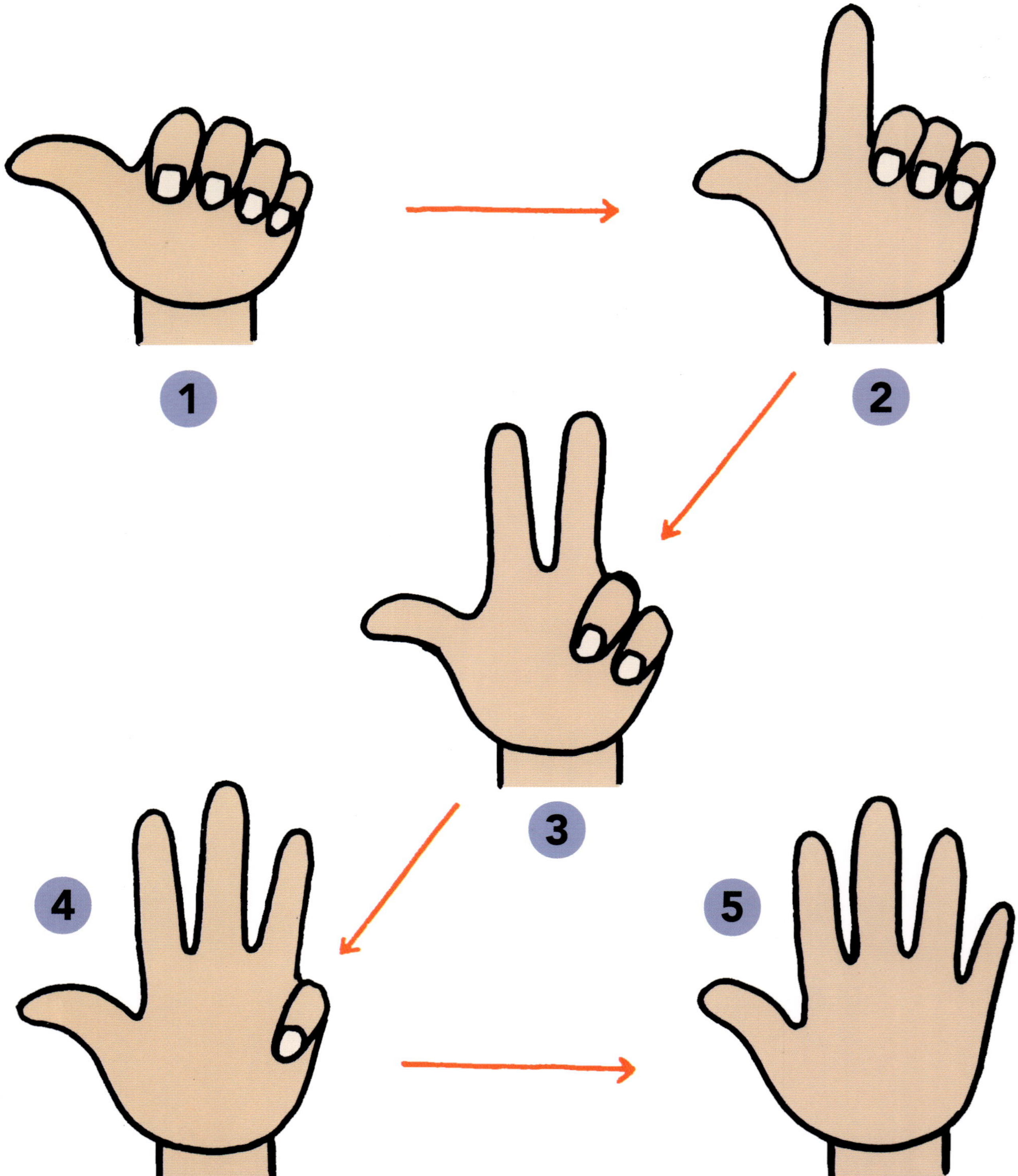

Ensemble, amusez-vous à compter sur vos doigts de 1 à 5.

Dans le porte-monnaie

Formez un porte-monnaie en joignant vos mains. Mettez à l'intérieur 2, 3 ou 4 pièces de monnaie. Quand vous secouerez vos mains, les pièces vont tinter. Faites deviner à votre enfant combien de pièces sont cachées. S'il trouve le nombre exact, c'est à lui de les cacher et à vous de deviner.

C'est toi !

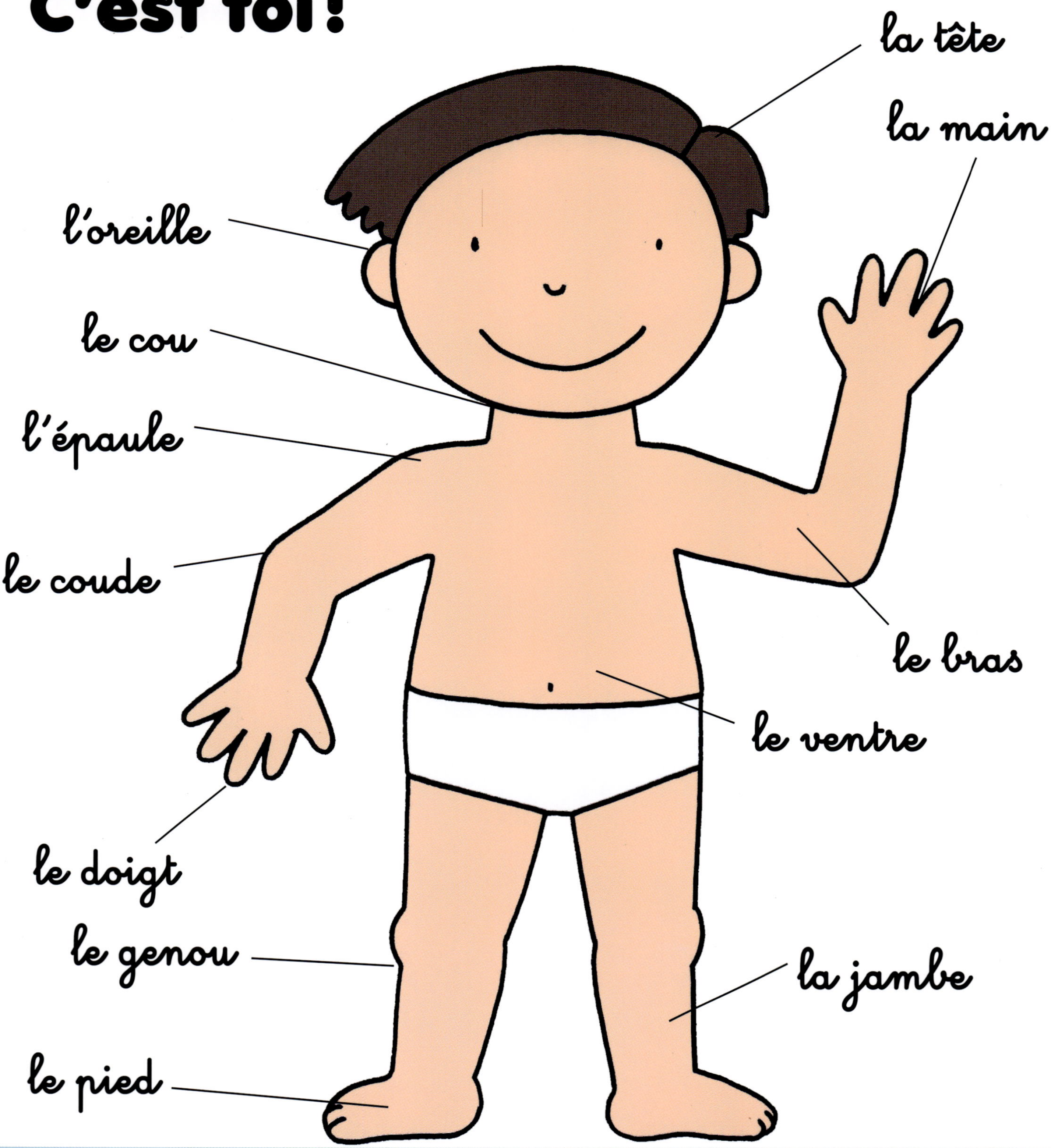

Devant un miroir, votre enfant nommera toutes les parties de son corps.

découvrir son corps

Vzz, vzz, vzz ! Je suis la mouche voyageuse
qui se balade sur ton petit cou...

Vzz, vzz, vzz !
Oh ! le joli bras.

Vzz, vzz, vzz !
mais voilà
un petit pied
tout mignon !

En jouant à la mouche voyageuse, vous aurez une nouvelle occasion de nommer toutes les parties de son corps ! Faites la « mouche » en chatouillant son cou, son bras, sa jambe... et terminez par les pieds. Poursuivez l'activité en lui demandant de se mettre dans les positions ci-dessus.

Je mets ma culotte !

Prom'nons-nous dans les bois
Pendant que le loup n'y est pas,
Si le loup y était,
Il nous mangerait !
Loup y es-tu ?
Que fais-tu ?

Je mets...

mon anorak

mon tee-shirt

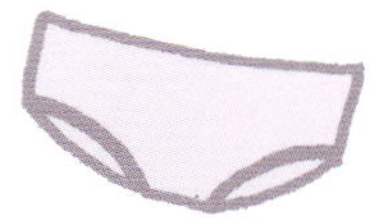

ma culotte

ma jupe

ma robe

mes chaussures

mon gilet

mon bonnet

mes bottes

mon pantalon

mon pull

mon pyjama

Chantez la comptine à votre enfant et, au fur et à mesure, il montrera les vêtements cités. Vous pourrez aussi la chanter pendant qu'il s'habille.

nommer
associer

Il fait beau. Il pleut. Il neige.

Quels vêtements choisir selon le temps qu'il fait ?
Pointez une image, votre enfant montrera les habits qu'il doit mettre.

Vroum-vroum ! Pin-pon !

Laissez votre enfant observer les images puis cherchez avec lui, en les pointant, toutes les roues de ces engins.

observer

le bus

le tracteur

l'ambulance

la voiture de course

le camion poubelle

Allô les pompiers !

Aïe aïe aïe ! Le fermier s'est cassé la jambe en tombant de l'échelle. Il ne doit pas bouger en attendant l'ambulance qui le conduira à l'hôpital.

Pointez le lieu de l'action et demandez à votre enfant de venir vous rejoindre en suivant la route avec son doigt et en imitant la sirène du bon véhicule.

suivre un tracé

Le bandit a volé de l'argent :
la voiture de police le cherche
pour l'emmener en prison.

Au feu !
La forêt brûle,
le camion de pompiers
fonce vers l'incendie !

Qui m'aidera à faire mon nid?

– Cui-cui !
chante l'oiseau,
je dois faire mon nid.
Qui peut m'aider ?

– Meuh-meuh !
meugle la vache, je te
donne une poignée d'herbes
pour garnir ton nid.

– Ouaf-ouaf !
aboie le chien, prends
un peu de ma fourrure.

– Bêêê-bêêê !
bêle le mouton,
ajoute une touffe
de ma laine, tes petits
n'auront pas froid.

– Cot-cot !
regarde, je t'ai gardé quatre
jolies plumes pour décorer
ton nid, caquète la poule.

– Cui-cui !
merci les amis mais ne faites pas
tant de bruit : le chat va nous
entendre et venir me croquer.

– Miaou-miaou !
j'ai tout entendu, mais
je n'ai vraiment pas faim.
J'ai bu beaucoup de lait
pour mon déjeuner !

Au fur et à mesure de l'histoire, demandez à votre enfant de pointer les images des animaux qui interviennent. Ensuite, montrez un animal et l'enfant imitera son cri.

Quelle énergie !

Imite l'avion.

Fais la pirouette.

Saute à cloche-pied.

Suis une ligne.

Sais-tu le faire ?

Fais la statue.

Imite le gorille.

Fais le moulin.

Marche comme un crabe.

Avec un grand !

mimer
bouger

Stimulez la vitalité de votre enfant en lui offrant une grande variété d'activités physiques qui associeront toutes ses possibilités motrices.

Content ? Fâché ?

Demandez à votre enfant de mimer les expressions qui correspondent à ces sentiments.
En mimant, il découvrira toutes les parties de son visage.

Tu es fâché.

Tu es triste.

Tu es content.

Tu es effrayé.

Tu es étonné.

Que d'émotions !

Tu as reçu un cadeau.

Un gros chien aboie.

Un enfant te prend ton ballon.

Tu es tombé sur un caillou.

Le clown sort de sa boîte.

Demandez à votre enfant d'associer chaque situation à un sentiment
ou une expression de la page de gauche.

C'est ta journée !

Tu te réveilles.

Tu prends ton petit déjeuner.

Tu te laves.

Tu t'habilles.

Tu joues.

Tu déjeunes.

Tu fais la sieste.

Tu prends ton goûter.

Tu joues.

se situer dans le temps

Tu prends ton bain.

Tu mets ton pyjama.

Tu lis.

Tu dînes.

Tu te couches.

Bonne nuit !

C'est passionnant de raconter tout ce qui se passe dans une journée !
Votre enfant recouvrira avec sa main tout ce qu'il a déjà fait
dans la journée lorsque vous lui lirez ce texte.

Chaud ou froid ?

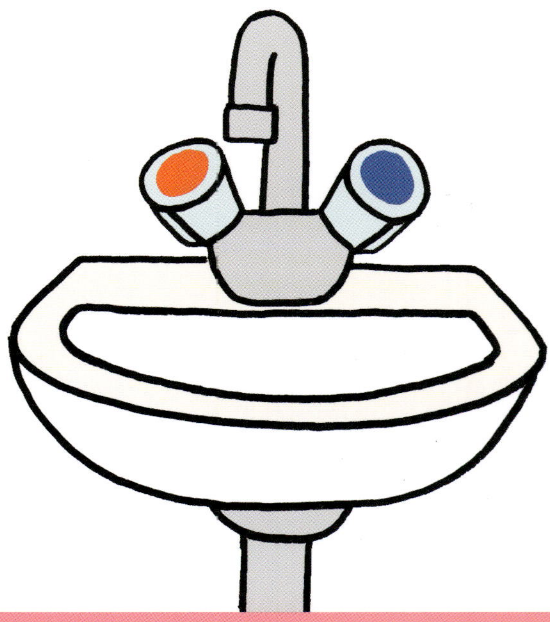

Utilisez les images pour apprendre à votre enfant les notions de chaud et de froid ainsi que les premières consignes de sécurité : il ne faut pas toucher au robinet d'eau chaude, ni se pencher au-dessus d'une bougie…

Lourd ou léger ?

repérer
classer

Faites deviner à votre enfant ce qui est lourd ou léger. Puis manipulez avec lui des éléments dans la maison pour qu'il évalue leur poids.

Sent bon ? Sent pas bon ?

Nommez les objets : votre enfant se pincera le nez entre deux doigts si l'odeur ne lui plaît pas et il inspirera profondément s'il trouve le parfum agréable.

le doudou

le pain

le café

la fleur

le chocolat

le savon

le fromage

le sac poubelle

Doux ou piquant ?

sentir
choisir

Votre enfant montrera chaque image : il caressera les éléments doux de la page et dira « Aïe ! » pour les objets piquants.

le paillasson

le coton

la barbe

le chat

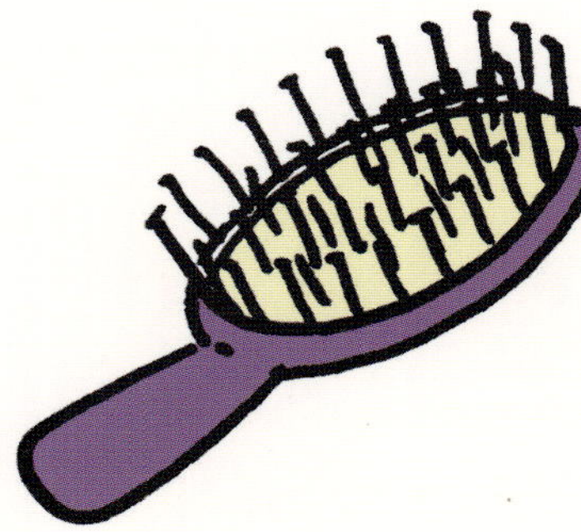

la brosse

le hérisson

le coussin

Les bruits de la maison

« Plic-plac ! » du robinet

« Tic-tac ! » du réveil

« Bla-bla... » de la télévision

« Dring-dring ! » du téléphone

Faites ensemble le tour de la maison à la recherche des « tic-tac », « glou-glou » et autres bruits.

Ensuite, remplissez une petite bouteille en plastique de perles,
de grains de riz ou de légumes secs... et fermez bien !
Ce sera son premier instrument de musique à écouter ou à manipuler.

A table !

le bonnet

la cuillère

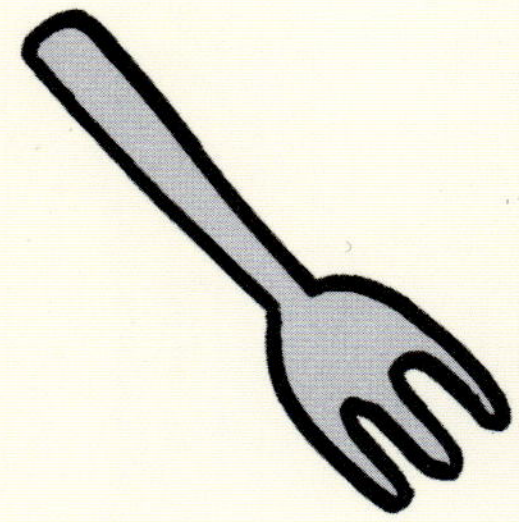

la fourchette

la carafe

le couteau

la voiture

le pain

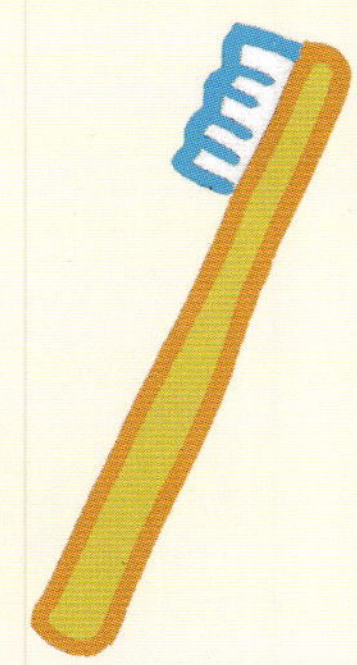

la brosse à dents

le verre

le livre

l'assiette

le sel

Amusez-vous à pointer les ustensiles et les aliments qui ont leur place à table.

Lorsque vous mettez le couvert, demandez à votre enfant de vérifier qu'il ne manque rien.
En attendant que le repas soit prêt, remplissez de petits aliments secs une assiette et demandez-lui de remplir une seconde assiette à l'identique.

Miam-miam !

Ensemble, nommez les aliments. Demandez à votre enfant de montrer les aliments qu'il aime beaucoup et ceux qu'il n'aime pas du tout.

Poursuivez l'activité en lui faisant pointer le sel ou le sucre, suivant le goût de l'aliment que vous lui montrez.
Avec un grain de sel, une goutte de jus de citron ou un peu de sucre posé sur le bout de sa langue, votre enfant continuera ses recherches gustatives...

Petits jeux entre amis

Organisez avec un ou deux enfants ces petits jeux qui développeront leurs facultés motrices.

Rembobiner une pelote de ficelle pour se rapprocher l'un de l'autre.

Faire sauter nounours dans une serviette de bain.

Faire la course avec les chaussures des grands.

Jouer au ballon avec un sac en plastique rempli d'autres sacs.

Lancer dans une corbeille des chaussettes roulées en boule.

Conduire des voitures en carton avec une assiette jetable pour faire le volant.

Souffler sur un morceau de coton pour qu'il atteigne le camp adverse.

Déballer chacun son tour un paquet enballé avec plusieurs couches de papier.

Tu sais le faire tout seul !

Jouer ensemble

Tu t'habilles.

Tu fais pipi.

Tu te laves les dents.

Tu dessines.

Tous ces petits moments de la vie quotidienne passionnent votre enfant.
Demandez-lui de pointer les images de ce qu'il sait déjà faire tout seul.

Chut ! ils font dodo...

Au moment de se coucher, observez ensemble ces images qui amènent au calme. Votre enfant pointera chaque vignette en souhaitant bonne nuit à tous ces dormeurs.

LE MYSTÉRIEUX LABYRINTHE

ISBN : 978-2-38135-077-6

www.editions-tredaniel.com
info@guytredaniel.fr
www.facebook.com/editions.tredaniel
@vegaeditions

Anaïs Cetown

Le Mystérieux Labyrinthe

Se perdre pour mieux se retrouver.

Illustré par Julie Lagarde

Éditions
Véga
19, rue Saint-Séverin
75005 Paris

SOMMAIRE

PRÉFACE

Du plus lointain que l'on remonte dans l'histoire humaine, on retrouve la trace, souvent gravée, de ces étranges chemins sinueux que des personnages, ou des dieux, ou autres devaient suivre selon bien souvent un rituel très précis.

Comme souvent pour commencer à comprendre ce que tout cela signifie, il nous faut revenir à la racine grecque du mot lui-même : *λα ύρινθος ou λαβύρινθος/labúrinthos*. Nous sommes alors renvoyés à la mythologie grecque puisque c'est bien là que l'on évoque un certain Dédale, génial inventeur, grand architecte et sculpteur au talent exceptionnel. Au palais de Cnossos en Crète, Dédale inventa et construisit le labyrinthe où était enfermé le Minotaure, ce monstre terrifiant destiné à éliminer tout intrus. Tous les neuf ans, Minos, roi de Crète, devait faire offrande de 7 garçons et 7 jeunes filles au Minotaure. Ariane, fille de Minos, confia à Thésée dont elle était amoureuse, une pelote de fil qu'il devait dérouler pour retrouver le chemin du retour. Grâce à ce fil, Thésée put tuer le Minotaure et retrouver son chemin. Ainsi naquit la belle légende du « Fil d'Ariane »

Labyrinthes mythiques de l'Antiquité, ou ésotériques du Moyen Âge, comme la fascinante bibliothèque-labyrinthe évoquée par Umberto Eco dans son roman *Le Nom de la rose*[1], labyrinthes de verdure des châteaux de l'époque classique, ou, plus proches de nous, ceux des romans

---

1 Umberto Eco, *Le Nom de la rose*, Paris, Grasset, 1982.

de Jorge Luis Borges[2] et même certains blockbusters hollywoodiens[3], nous avons là une création de l'esprit humain qui traverse les âges et se retrouve sous des formes diverses dans toutes les civilisations.

Le Mystérieux Labyrinthe présente un oracle de 63 cartes : 45 évoquent des notions ou des concepts associés parfois à des animaux fantastiques et 18 sont associées à des émotions et qualificatifs divers.

Ces cartes ne sont pas sans rappeler les lames du Tarot, mais plus encore, elles nous entraînent dans une véritable quête initiatique.

En effet, on retrouve souvent cette figure énigmatique du labyrinthe sur le portail occidental de nos cathédrales.

Lors de leur initiation, les aspirants « compagnons tailleurs de pierre » traversaient en effet le labyrinthe en suivant un chemin bien précis marqué par 4 arrêts spécifiques consacrés à l'air, au feu, à l'eau et à la terre, mêlés souvent aux étonnants reflets des vitraux sur le sol.
L'impétrant devait sortir du labyrinthe par le centre où il recevait alors la fameuse canne du compagnon.

---

2 Jorge Luis Borges, *Fictions*, Paris, Gallimard, 1951.

3 *The Maze Runner*, série de 3 films réalisés par Wes Ball en 2014, 2015 et 2018.

Ce centre est le plus souvent symbolisé par une rose située au zénith, là où la lumière arrive à la verticale sans laisser d'ombre.
La rose elle-même se retrouve au centre de la croix et figure une étoile à 5 branches, c'est la rose mystique à 5 pétales, la quintessence, l'accomplissement, l'Amour.
De manière générale, ce parcours qui gravitait autour du labyrinthe commençait au nord ou septentrion de l'édifice où le candidat se déchargeait des pesanteurs de son âme pour se terminer au sud, soit le midi où son propre dépouillement s'achevait, baigné et fondu dans la pleine lumière, quittant ainsi le temps, l'espace et la matière.

Dans cette tradition compagnonnique, le labyrinthe est donc l'épreuve centrale et essentielle et se situe dans l'ordre suivant :

- l'épreuve du Labyrinthe ;

- l'épreuve de la Tour de Babel ;

- l'attribution de la couleur à l'aspirant, celle-ci devant symboliser le passage du visible à l'invisible et l'ouverture de l'esprit au monde des symboles ;

- le dévoilement d'une représentation de Marie Madeleine en pénitence et la présentation des cannes croisées ;

- le dévoilement et la présentation des trois fondateurs du compagnonnage : le roi Salomon, Maître Jacques et le Père Soubise ;

- l'attribution, enfin, du blason de la corporation dans laquelle le futur aspirant va être adopté.

Le moment de l'introduction dans le labyrinthe est marqué par 4 arrêts devant les symboles de l'Air, du Feu, de l'Eau et de la Terre, avec, à chaque fois, 4 fois la même question : « Que signifie ce symbole ? » et toujours la même réponse que doit donner l'aspirant : « Le Labyrinthe ».

Puis, on présente la canne de compagnon au candidat en lui expliquant que pour sortir du labyrinthe, le seul moyen est de suivre cette canne mais que le chemin sera long et difficile.
Cette première épreuve passée, les 3 anciens compagnons assis à une table au centre de la salle circulaire remettent à l'aspirant la couleur de sa corporation.

Cette cérémonie, qui existe toujours et dont l'héritage se perd dans la nuit des temps, a été perpétuée au travers des mille années que dure la période médiévale pour arriver jusqu'à nous.

Bien entendu, nous devons ici en comprendre le symbole qui est avant tout de trouver notre propre voie dans ce labyrinthe que sont notre esprit et notre cheminement vers notre quête.

Il faut en trouver d'abord le sens puis atteindre la sortie par la lumière qui en fait se trouve en nous et c'est bien pour cela que l'on en sort par le centre, c'est-à-dire en ayant trouvé la voie du cœur, celle qui est en nous-mêmes et qui est à l'évidence aussi la source de notre lumière intérieure.

Tel est sans doute le sens de cette rose épanouie en plein Zénith. Le Zénith est aussi le milieu du jour, le moment où le compagnon atteint le sommet de son œuvre.

Ainsi, le labyrinthe de nos compagnons tailleurs de pierre et, par extension, des compagnons du devoir est-il certainement une porte d'entrée dans ce cheminement intérieur qui doit, au fil du temps, pouvoir nous amener à la prise de conscience des liens que chacun peut avoir avec la tradition primordiale et nous mener peut-être à faire les premiers pas vers cette transformation de soi-même, cette alchimie intérieure qui va commencer à opérer en nous.

La quête intérieure dont le cheminement est représenté par le labyrinthe nous rapproche aussi de l'Alchimie qui propose au cherchant d'aller à la découverte de la pierre cachée située en lui, le fameux « V.I.T.R.I.O.L » (*visite l'intérieur de la Terre, en rectifiant tu trouveras la pierre cachée*).

L'œuvre de cet alchimiste mystérieux – Fulcanelli –, dont l'identité est encore sujette à débat, nous parle bien sûr de cette tradition du labyrinthe au travers de ses deux ouvrages majeurs que sont *Le Mystère des cathédrales*[4] et *Les Demeures philosophales*[5], en nous proposant la lecture symbolique de la quête intérieure dont nous avons parlé.

---

4 Fulcanelli, *Le Mystère des cathédrales et l'interprétation ésotérique des symboles hermétiques du Grand-Œuvre*, Paris, Jean Schemit, 1926.

5 Fulcanelli, *Les Demeures philosophales et le Symbolisme hermétique dans ses rapports avec l'art sacré et l'ésotérisme du Grand-Œuvre*, Paris, Jean Schemit, 1930.

En nous ouvrant cette voie, il nous donne pour notre époque si tourmentée, un petit morceau de ce que devait être la pensée médiévale et pour laquelle Robert Amadou[6] devait dire un jour au sujet de celle-ci qu'il « fallait rétablir dans notre système de pensée un "ordre ancien" afin de pouvoir reconstituer mentalement la démarche de ces temps éloignés ».

Le Mystérieux Labyrinthe, par la richesse des concepts que l'on retrouve sur ses cartes, mêlés aux notions évoquées, ne pourra qu'intriguer celui qui se le procurera et le mènera à se questionner et sans doute à emprunter cette voie si profonde et si stimulante de cette si belle quête qu'est la recherche de la connaissance de soi !

Paris, le 20 juillet 2020

Docteur Olivier Buirette, *historien (Université Sorbonne Nouvelle)*

---

6 Robert Amadou, *Le Feu du Soleil*, entretiens sur l'Alchimie avec Eugène Canseliet, Paris, éditions Pauvert, 1977.

Le Mystérieux Labyrinthe : La Genèse

Lors de nos différents échanges et au cours des divers ateliers que j'ai eu le plaisir d'animer autour de l'oracle, nous avons eu l'occasion de parler de notre représentation du labyrinthe.

Le labyrinthe végétal revient régulièrement, celui de la foire également avec ses vitres transparentes et la panique qu'il génère sur l'urgence d'en sortir le plus vite possible.

Pour ma part, l'allégorie du labyrinthe se manifeste totalement dans l'image que je me fais des catacombes.

L'oracle transpose le labyrinthe à celui de votre vie, avec ses obstacles, ses impasses, ses chemins erronés et enfin son issue. L'issue étant l'accès au bonheur (ou l'allégorie de la mort).

La représentation physique de tout cela s'exprime totalement dans les catacombes. Je ne les ai jamais visitées, c'est en projet mais je les imagine angoissantes, oppressantes, malodorantes et humides.

Cela peut se comparer aux entrailles, à la matrice qu'est l'utérus, pour moi, c'est avant tout un labyrinthe.

Le premier mot qui me vient à l'esprit en pensant aux catacombes, c'est « inconnu » et le second, c'est « peur ».

Alors, peur de vivre ou peur de l'inconnu ? Je dirai les deux.

Il y a d'abord l'entrée, qui ne se fait pas toujours par l'endroit où on l'imagine. Pour accéder aux catacombes, une simple bouche d'égout peut suffire. Ensuite, on descend dans le sol, avoir cette masse au-dessus de soi doit être terriblement angoissant, je ressens cette oppression parfois quand une situation me paraît inextricable.

Puis on parcourt les galeries, dans la boue ou pas, étroites ou pas, il y a de la poussière, de l'obscurité, parfois il faut peut-être ramper, grimper.

À quoi bon ? Pourquoi faire cela si c'est tellement inconfortable ? Posez-vous la question, la quête de sens est parfois celle de toute une vie.

Et aussi ce rapport à la mort en permanence qui est présent tout autour de nous (allégorie des squelettes présents dans les catacombes). Est-ce que, vous aussi, vous y pensez chaque jour ? Moi oui.

Pour illustrer cette notion intériorisée du labyrinthe, voici un extrait de Haruki Murakami, célèbre écrivain japonais, qui nous livre une explication très pertinente du labyrinthe dans son œuvre, *Kafka sur le rivage* :
« Personne n'a jamais su s'ils s'étaient perdus dans la forêt ou s'ils avaient déserté. Mais la forêt est incroyablement intense de ce côté, et on n'y trouve rien à manger. Tu sais, il y a un autre monde à côté du nôtre. Tu peux t'y aventurer, et en revenir sain et sauf, si tu fais attention. Mais si tu dépasses un certain point, tu n'en reviens jamais.

Tu ne trouves plus le chemin du retour. C'est un labyrinthe. Tu connais l'origine du labyrinthe ?
Je secoue la tête.

– On pense que ce sont les habitants de la Mésopotamie antique qui ont eu les premiers l'idée du labyrinthe. Ils lisaient le futur dans les entrailles d'animaux – et sans doute parfois d'hommes – sacrifiés. Ils en observaient les dessins complexes qui leur permettaient d'interpréter l'avenir. À l'origine, la forme du labyrinthe s'est inspirée de celle des boyaux. Autrement dit, le principe du labyrinthe existe à l'intérieur de toi. Et il correspond à un labyrinthe extérieur à toi.

– C'est une métaphore ?

– Exactement. Une métaphore à double sens. Ce qui est extérieur à toi, c'est la projection de ce qui est intérieur, et l'intérieur est la projection de l'extérieur.
Souvent, quand tu mets le pied dans un labyrinthe extérieur, c'est que tu entres aussi dans un labyrinthe intérieur. Dans la plupart des cas, c'est très dangereux.

– Comme dans le conte de Hansel et Gretel ?

– Exactement. La forêt est pleine de pièges. Et tu auras beau prendre toutes les précautions du monde, des oiseaux au regard perçant viendront picorer les miettes de pain que tu avais laissées derrière toi pour retrouver ton chemin.

– Je serai prudent, dis-je. »

Votre labyrinthe est à l'intérieur de vous et tout autour de vous.
À vous de faire votre propre représentation du labyrinthe et d'y voir les allégories de votre vie.

L'expression qui vient à l'esprit quand on est face à un problème est : « Comment vais-je m'en sortir ? »

Ce livre vous dévoile les explications des cartes et des tirages.
Il vous offre une méthodologie de parcours et il vous permet surtout de vous créer votre propre feuille de route.

Certains éléments vous parleront plus que d'autres, vous les rencontrerez peut-être lors de synchronicités ou les avez-vous déjà croisés si vous êtes attentif·ve à cela.

Le but est de vous approprier les cartes, il s'agit de votre quête.

Outil de développement personnel ? De divination ?
Chasse au trésor ? *Le Mystérieux Labyrinthe* est un peu de tout cela.

Observez, ressentez, rêvez et vous trouverez l'énigme finale, celle de votre vie.

Ce livre n'a pas d'ordre, vous pouvez vous rendre à n'importe quelle rubrique sans avoir à respecter l'ordre du sommaire.

Et, pour finir, les **Prolégomènes**, annoncés par Akalméia, sphinge protectrice du *Mystérieux Labyrinthe* :

À toi visiteur qui t'apprêtes à explorer *Le Mystérieux Labyrinthe*,
de ces règles, connaissance, tu dois prendre :

1 ✤ Libre d'y entrer et d'en sortir tu seras.
2 ✤ Peut-être vaine ta quête sera.
3 ✤ Sans que tu ne le décides, l'issue t'apparaîtra.
4 ✤ Seul·e tu apprendras.
5 ✤ L'imperfection tu rencontreras.
6 ✤ Si impure est ton intention, chemin rebrousser tu devras.
7 ✤ Mieux te perdre pour te retrouver tu pourras.

La vie est un labyrinthe dans lequel nous prenons la mauvaise direction avant d'apprendre à marcher.

Cyril Connolly

Le Mystérieux Labyrinthe se compose de 63 cartes. C'est un oracle de divination. Cependant, si votre curiosité vous titille, vous y découvrirez bien plus que votre avenir.

Partez à la recherche des messages qui y sont cachés.

Le labyrinthe est une allégorie de votre vie. Parcourez-le.

Perdez-vous. Les arcanes vous guideront afin d'en sortir grandi·e.

L'oracle comporte 5 catégories de cartes :

✤ *les Guides* (personnages) ;
✤ les *Objets* (outils) ;
✤ les *Apologues* (symboles) ;
✤ *les Chambres* (domaines) ;
✤ *les Humeurs* (émotions).

Imaginez-vous pénétrer à l'intérieur du labyrinthe... Dès l'entrée, vous vous sentez perturbé·e. Ce n'est pas la peur qui doit vous animer mais la volonté d'en sortir, ou mieux, s'y perdre afin de découvrir le trésor caché.

Au fur et à mesure du chemin, vous allez :

- Rencontrer **les Guides** qui représentent des personnes de votre vie ou des archétypes. En positif ou négatif, les Guides sont toujours là pour vous faire grandir, vous montrer le chemin
même si celui-ci comporte des obstacles.

- Trouver **les Objets**, qui sont l'allégorie d'outils dont vous pourriez avoir besoin pour parcourir les couloirs du labyrinthe comme du temps, de la lumière ou une clef. Autant de moyens qui sont parfois métaphoriques dans notre quotidien, « la clef du paradis », « voir la lumière au bout du chemin », « gagner du temps ».

- Apercevoir **les Apologues**. Imaginez des symboles ou des phrases écrites sur les murs. Ils sont là tels des panneaux de signalisation pour vous donner la direction à suivre ou au contraire celle à éviter.

- Vous isoler dans **les Chambres** qui sont des alcôves avec chacune une atmosphère différente représentant les différents domaines de votre vie comme la sphère sentimentale ou professionnelle, par exemple.

- Ressentir **les Humeurs** qui sont les lumières d'ambiance du tirage, la couleur émotionnelle qui vous éclaire le long du chemin selon votre problématique du moment (amour, nostalgie, jalousie, etc.).

Il me reste à vous souhaiter une quête fructueuse et, je l'espère, passionnante.

Anaïs Cetown

Les Tirages

Pour les tirages à une carte, chronologique et avec polarité, la catégorie des Chambres (plus complexe) sera isolée et celle des humeurs est facultative. Elle peut être consultée en fin de tirage afin de donner une couleur émotionnelle à l'ensemble du tirage ou de la carte. Le terme « couvrir » est alors employé.

Le tirage à une carte

Ce tirage est à effectuer pour avoir une réponse immédiate ou pour connaître la tendance de la journée ou d'une situation.

- Prendre les catégories des Guides, des Objets et des Apologues.
- Poser une question.
- Mélanger les cartes.
- Tirer une carte.
- Se référer à la section « message de la carte » dans le livre.

Pour éclairer sur l'aspect émotionnel du tirage, vous pouvez le couvrir avec une carte des Humeurs.

Le tirage chronologique

Ce tirage est adapté pour les questions ouvertes (qui n'appellent pas un oui ou un non).

- Prendre les catégories des Guides, des Objets et des Apologues.
- Poser une question.
- Mélanger les cartes et couper le paquet.

❧ Tirer 3 cartes face à soi selon le schéma suivant :

L'analyse des cartes se fait en lien avec la question posée.

⁂ **La carte 1** vous parle **d'où vous venez** ; l'élément important qui va vous permettre de comprendre **la solution** :
le passé (l'entrée du labyrinthe).

⁂ **La carte 2** vous parle de là **où vous en êtes** actuellement : **le présent** (vous êtes ici sur le plan du labyrinthe).

⁂ **La carte 3** vous donne **l'issue** à la question posée ; toujours à mettre en perspective avec les cartes 1 et 2 : **le futur** (la sortie du labyrinthe). Pour éclairer l'aspect émotionnel du tirage, vous pouvez couvrir l'ensemble avec une carte des Humeurs.

Tirage avec polarité

(-/+ /synthèse)

Ce tirage est adapté pour les questions qui appellent une réponse par oui ou non.

❧ Prendre les catégories des Guides, des Objets et des Apologues.
❧ Poser une question.
❧ Mélanger les cartes.
❧ Tirer 3 cartes face à soi selon le schéma suivant :

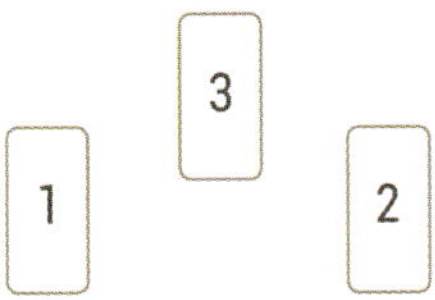

✤ **La carte 1** vous parle des **obstacles** que vous allez rencontrer *(la section* **-** *de la description de chaque carte).*
✤ **La carte 2** vous parle de vos **atouts** et de vos **forces** en lien avec la question posée *(la section* **+***).*
✤ **La carte 3**, **la synthèse**, vous apporte la **solution**.
Se référer à la section « message » de chaque carte dans le livret.

Pour éclairer l'aspect émotionnel du tirage, vous pouvez couvrir l'ensemble avec une carte des Humeurs.

TIRAGE AVEC LES CHAMBRES

Rappel des Chambres :
Sélène : la sphère familiale, le foyer, les enfants
Vénus : la sphère sentimentale, situation amoureuse
Mars : la sphère professionnelle, la situation matérielle
Mercure : la sphère sociale, les amis
Jupiter : la sphère de la popularité, la notoriété, l'ego, le pouvoir
Soleil : la sphère de l'épanouissement, l'accomplissement, les objectifs, mission de vie
Saturne : les difficultés, les obstacles, les ralentissements

Battez les cartes, coupez. Posez votre question.

Deux méthodes :
1 ✤ Vous questionnez le tirage sur **un domaine précis de votre vie**. Dans ce cas, vous placez la carte de la chambre correspondante en haut du tirage. Ensuite, vous procédez à un tirage classique. L'analyse du tirage s'appliquera au domaine choisi.
☞ **action rapide, dans le mois ou le trimestre.**

2 ❧ Vous questionnez le tirage sur **l'intégralité des domaines** de votre vie. Idéal en début d'année ou à la date d'anniversaire ou au commencement d'un nouveau cycle.
Vous placez alors chaque chambre en cercle ou en ligne et vous tirez une carte ou deux cartes (en association) pour chaque chambre.
Vous pouvez aussi faire un **tirage chronologique ou par polarité** pour chaque chambre.
☞ **action sur 6 mois ou 1 an.**

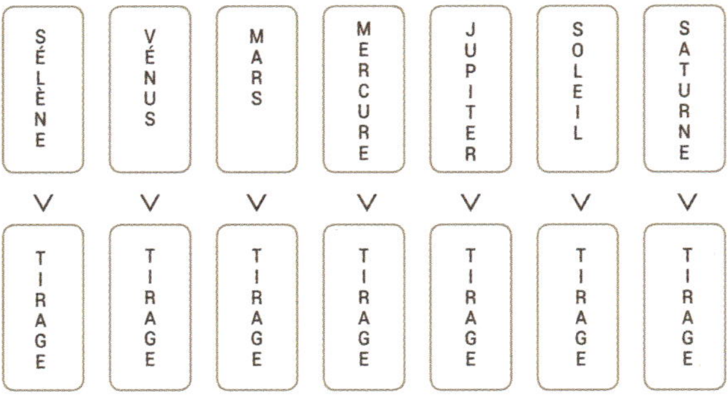

Pour éclairer sur l'aspect émotionnel du tirage, vous pouvez le couvrir avec une carte des Humeurs.

Tirage par paire (ou par association)

Pour ce tirage, plus complet, il suffit de choisir un des tirages précédemment expliqués et de tirer **deux cartes** au lieu d'une seule.

La catégorie des humeurs est toujours isolée et devra recouvrir soit l'ensemble du tirage, soit une ou les paires tirées.

Ensuite, vous vous référez au chapitre sur les associations (page 58-59, 92-93, 142-143).

Si la paire tirée n'apparaît pas dans la rubrique des associations, il faut se référer aux deux messages des cartes.

Si l'une des cartes est un guide, il représente soit le ou la consultant·e, soit une personne de votre entourage.

Si les deux cartes sont des guides, ils représentent le ou la consultant·e, plus une personne très proche.

Chronologique :

Polarité :

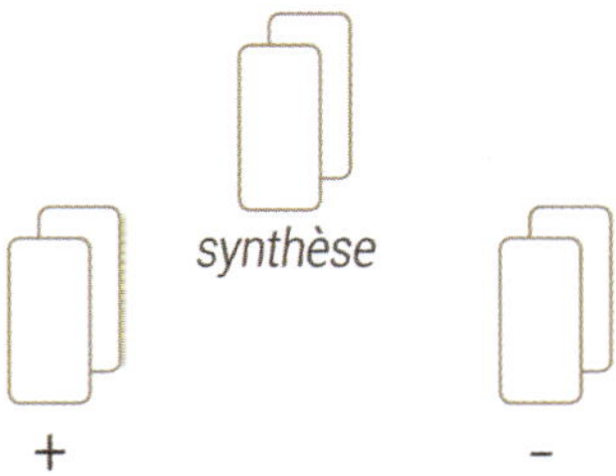

Tirage en croix

Ce tirage est adapté pour les questions précises, détaillées.

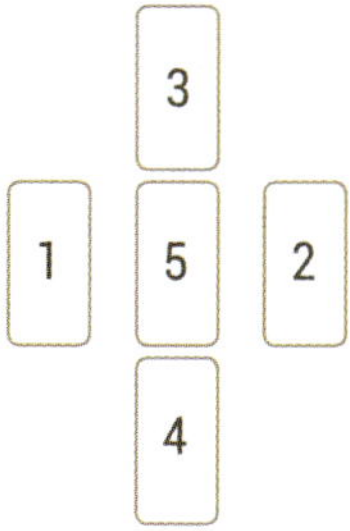

Battez les cartes, coupez. Posez votre question.
Placez les cartes comme sur l'exemple ci-devant.

La carte :

1 ✤ Les obstacles, les freins, les faiblesses.
2 ✤ Les atouts, les forces, les aides.
3 ✤ Les choses cachées, inconscientes, non dites.
4 ✤ Les choses visibles, ce qui transpire, se voit.
5 ✤ La synthèse du tirage, le résultat, la réponse à la question posée.

Une carte « Humeur » peut être placée sur chaque carte ou sinon une seule humeur pour tout le tirage.

Vous pouvez également recouvrir chaque carte avec une autre pour approfondir le tirage.

Der Alchemist
de Pieter Bruegel der Ältere, 1558

Les messages des cartes

A Midsummer Night's Dream
Gustave Doré, 1878

DOMINABITVR ASTRIS.
Leo

LES GUIDES

La première catégorie de l'oracle est celle des Guides.
Les Guides représentent soit le ou la consultant·e, soit une personne dans l'entourage du ou de la consultant·e, soit simplement un message ciblé à replacer dans le contexte du tirage.
Le parallèle avec le labyrinthe est à considérer comme des guides vous montrant le chemin pour trouver l'issue ou le centre du labyrinthe. Ils peuvent parfois vous entraîner sur un chemin annexe, moins évident, afin de vous livrer un message et vous faire grandir dans votre quête.

Le Cerf

Le cerf est un animal majestueux, c'est le roi de la forêt. Il sait faire face aux obstacles avec agilité et avec grâce. Il représente un élément masculin. Il a la capacité de se mouvoir tout en élégance et d'échapper aux obstacles avec souplesse. C'est un guide dans la forêt, il est intuitif et sensible. Il symbolise la capacité de changement de direction soudaine, un virage à 180 degrés. Sa vigilance intuitive lui permet de contourner n'importe quel danger.
Dans certaines cultures, le cerf représente l'esprit de la forêt. Ses bois repoussent sans cesse et en cela, ils symbolisent la capacité de régénération, les saisons, les cycles. C'est un guide pour les âmes.

Dans un tirage :

En + : cette carte vient vous dire que vous avez la capacité à contourner les obstacles. Elle représente un personnage masculin, paternel. Ce personnage va vous permettre de vous régénérer, de rebondir ou de résoudre rapidement une situation compliquée.

En - : risque de vous faire attraper ou sinon un homme (une figure paternelle) aura un impact négatif auprès de vous.

En animal totem : vous êtes un être majestueux. Vous avez cette agilité rare et élégante de toujours faire face à n'importe quelle situation.

Les Humeurs qui accentuent les traits du Cerf :

- Opportunité
- Relativité
- Fierté
- Spontanéité
- Intuition

Le Corbeau

Animal intrigant par nature, le corbeau représente l'aspect ténébreux de notre inconscient.

En alchimie (*caput corvi*), il symbolise l'œuvre au noir, la putréfaction ; cette première phase de l'opus où le protagoniste va devoir dissoudre les mauvaises motivations.

Hugin et Munin (l'esprit et la mémoire), dans la mythologie nordique, sont les deux corbeaux qui accompagnent Odin (dieu principal de cette mythologie).

Ce sont des messagers qui parcourent les neuf mondes pour revenir le lendemain, raconter à Odin ce qu'ils ont vu et entendu dans la nuit.

Le corbeau est un animal intelligent, c'est un charognard qui voit tout et apparaît dans votre jardin pour vous apporter un message. Dans la culture populaire, il est souvent associé à la mort. Il traîne souvent une mauvaise réputation alors que son intelligence est grande. C'est un guide entre deux mondes : celui des morts et celui des vivants.

Il représentera une personne intelligente, perspicace, intuitive. Il vous permet de vous reconnecter avec votre intuition. C'est un être audacieux, un téméraire, qui a une perception très pointue de l'invisible. C'est aussi un personnage bavard mais qui observe avec son regard perçant. Il est très flexible et son intelligence hors du commun lui permet de s'adapter à n'importe quelle situation.

En animal totem ou synchronicité : développez votre audace, osez. Connectez-vous à votre intuition, votre intelligence émotionnelle. Vous avez la capacité de percevoir le subtil. Il vous apparaît en tant que guide spirituel, il apporte une forme de sagesse.

En tant que guide entre les deux mondes, il vous permet une transition, une transformation. Vous allez traverser une forêt obscure pour enfin atteindre ce nouveau monde.
Votre intelligence se mettra au service de votre adversité.

Dans un tirage, il peut représenter un artiste, un original, un médium, homme ou femme d'ailleurs. Il gravite dans un univers de magie, de mystère.

En + : intelligence, ruse, suivre son intuition.

En - : attention ! Cette carte peut représenter un personnage manipulateur, un escroc, une personne malintentionnée, roublarde. C'est aussi le symbole de la tromperie.

Les Humeurs qui accentuent les traits du Corbeau :

- Intuition
- Ambition
- Opportunité
- Jalousie
- Mensonge
- Vénalité

Tom. V. *Pl. II. pag. 54.*

De Sève del. *Herisset Fils Sculp.*

LE CORBEAU.

Le Dragon

Animal mythologique bien connu, le dragon peut être asiatique ou occidental.

Nous parlerons ici du dragon occidental en lien avec le bestiaire médiéval que l'on retrouve sur les représentations alchimiques.

En Asie, le dragon est symbole de sagesse.

En Occident, il est souvent le symbole du mal (tel le dragon que saint Michel a terrassé). Le dragon peut être débusqué jusque dans sa caverne. Est-ce qu'il cache un trésor ?

Il est aussi et avant tout le symbole de la force et de la puissance exercées dans la sagesse.

Dans un tirage, il représente la force maîtrisée, la puissance de l'action. Il peut s'agir du ou de la consultant·e.
Il peut aussi représenter un personnage puissant, fougueux, qui est sans cesse dans l'action et qui peut connaître des colères destructrices ou une action très efficace et très puissante. Un homme ou une femme de pouvoir, d'action.

En + : la force, le pouvoir, la puissance de l'action.

En - : il représentera la colère destructrice, la perte de contrôle.

Les Humeurs qui accentuent les traits du Dragon :
- Spontanéité
- Ambition
- Fierté
- Critique
- Égoïsme
- Jalousie (cette association est absolument destructrice)

L'ESCARGOT

L'escargot est un animal atypique. Il est hermaphrodite. Il représente la lenteur mais pas l'immobilisme. Cette carte donne le message de l'action dans la continuité.

Sa spirale nous parle de régénération périodique, la mort et la renaissance. C'est un symbole lunaire, ses cornes apparaissent et disparaissent comme le fait la Lune.

C'est un symbole de fécondité.

Sa coquille est la métaphore de l'enfant intérieur, la protection, le foyer.

C'est la transformation continue, l'évolution constante. Efforts soutenus et fiables. Peu importe le rythme, on arrive à ses fins.

Il faut avoir confiance dans le processus et continuer d'avancer, la régénération est périodique.

Dans un tirage, cette carte vient vous expliquer que l'action est dans la continuité, le travail est long mais efficace. Il faut être patient. Vous allez réussir votre ouvrage mais il faudra prendre le temps pour cela. Ce travail sera puissant comme l'est votre force intérieure.
Dans un tirage, si la question posée se porte sur une grossesse, l'escargot, symbole de fécondité, est un bon présage.

En + : action dans la lenteur, force intérieure mais puissante.
La patience portera ses fruits.

En - : vous rencontrerez un ralentissement, une perte de vélocité.

Les Humeurs qui accentuent les traits de l'Escargot :
- Lâcher-prise
- Relativité
- Rigidité (apprendre la patience)

L'homme est comme l'escargot : le chemin qu'il doit prendre pour arriver jusqu'à lui-même est tortueux.

Stanisław Jerzy, Nouvelles pensées échevelées

LA FÉE

La fée, dans l'imaginaire collectif, se rapporte aux contes de notre enfance. C'est un personnage magique comme la marraine dans Cendrillon, la fée bleue dans Pinocchio ou la fée clochette dans Peter Pan, sans oublier les fées des contes médiévaux avec Viviane, Mélusine et Morgane.

C'est aussi les fées qui se sont penchées au-dessus du berceau de la Belle au bois dormant pour lui offrir chacune un don.

Cette carte vient vous donner ce message. À la naissance, vous avez reçu des dons, des talents que vous seul·e possédez. Ces dons font de vous une personne unique et extraordinaire.

Enfant, vous exerciez ces dons naturellement, ce peut être un art, une activité sportive, ou tout simplement une aura qui marque les gens.
Si vous ne vous en souvenez plus, reconnectez-vous à votre enfance et à cette joie précieuse qui vous animait.
Dans un tirage, la fée peut aussi représenter une personne de votre entourage, pure, espiègle et innocente. Son aura est forcément radieuse, et lorsque vous la voyez, elle illumine votre journée, vous apporte le sourire.
Regardez autour de vous, il y a forcément cette petite fée qui virevolte, cette lumière qui vous égaye dans les moments difficiles.

En + : elle symbolise la protection et la résolution de tous les problèmes. Une personne de lumière qui disperse sa poussière de fée dès qu'elle passe et vous permet d'être plus léger·ère. Elle guérit les bleus à l'âme. Elle peut aussi parler des enfants (si question sur la grossesse) ou une femme de votre entourage qui vous protège et vous rassure, une amie ou une sœur.

En - : une femme immature ou capricieuse.

Les Humeurs qui accentuent les traits de la Fée :
- Joie
- Jalousie
- Amertume
- Opportunité
- Fierté
- Spontanéité

La Licorne

La licorne est un animal mythologique. Son origine est assez incertaine. Une légende raconte qu'elle n'a pas pu monter sur l'arche de Noé, car elle aurait été soit oubliée, soit deux individus du même sexe se seraient présentés à l'entrée de l'arche (raison pour laquelle elle est le symbole de la communauté LGBTQIA+).

Elle symbolise le féminin, en alchimie, c'est l'œuvre au blanc.
Elle est décrite comme un animal sauvage, pudique. Elle ne se laisse approcher que par une jeune fille vierge dont les intentions seraient d'une absolue pureté.

Si elle apparaît dans un tirage, c'est pour vous montrer la pureté de votre démarche ou au contraire pour vous mettre en garde contre vos pensées impures.

On prête à son sang des vertus de guérison et d'immortalité. Cette carte, pour une question liée à un problème de santé, vous apporte le message de la guérison (que ce soit en négatif
ou en positif dans un tirage).
Pour une question liée à la maternité ou à une grossesse, cette carte annonce une bonne nouvelle. Elle est symbole de fécondité. C'est aussi le symbole de l'innocence, du merveilleux, de l'exceptionnel.

En + : pureté de l'intention, figure maternelle. Peut représenter la consultante. Guérison. Fécondité.

En - : elle met l'accent sur une personne rigide, sauvage, introvertie. Elle souligne votre pudeur qui risque, à terme, de vous isoler des autres personnes (sauf pour les questions liées
à la grossesse, voir précédemment).

En animal totem ou synchronicité : continuez sur ce chemin, vos intentions sont pures et légitimes. Vous êtes sur le chemin de la guérison et la licorne va vous y conduire.

Elle représente la rareté, elle n'apparaît qu'à ceux qui la méritent.

Les Humeurs qui accentuent les traits de la Licorne :

- Amour
- Compassion
- Fierté
- Rigidité
- Critique

La Tenture de Saint Etienne
de Jean- Gilles Berizzi, 1500

Tapisserie de la Dame à licorne, la vue
vers 1500

Le Papillon

Le papillon est un animal très particulier, son cycle de vie est le symbole ultime de la métamorphose, la transformation.

La chenille, qui, par le biais de la chrysalide, se transforme en un magnifique papillon.

Cette chenille, qui était auparavant une larve rampante, parfois gluante ou urticante, permet de donner naissance à un être superbe, fin, léger, qui plus est, avec la capacité de voler.

Tout ceci est le fruit d'un travail profond, laborieux et douloureux, la chrysalide.

En grec, le mot psyché veut à la fois dire âme et papillon. Il porte ainsi la notion d'immortalité. C'est le symbole du changement, du renouveau de la fin d'une phase difficile et compliquée pour une vie plus belle grâce à cette spectaculaire métamorphose.

C'est l'âme débarrassée de son enveloppe charnelle, le papillon débarrassé du cocon.

La libération !

Cette carte vient vous dire que vous êtes en pleine transformation dans votre vie, et elle vient aussi vous parler de votre âme, ce que vous êtes vraiment au fond de vous.

Elle vous apporte plus de légèreté, plus de hauteur, autorisez-vous à papillonner. La vie n'est pas si grave finalement, elle est légère.

En + : changement radical, transformation, chrysalide en cours.

En - : fragilité, légèreté, nonchalance.

Le papillon peut aussi être votre animal totem, dans ce cas, la carte représente le ou la consultant·e.

Les Humeurs qui accentuent les traits du Papillon :

- Joie
- Spontanéité
- Intuition
- Lâcher-prise
- Relativité

Même pour le simple envol d'un papillon tout le ciel est nécessaire.

Paul Claudel

Metamorphosis Insectorum Surinamensium
de Maria Merian

LE PHŒNIX

Le phœnix est le symbole du cycle et de la renaissance.
Comme l'explique la légende, le phœnix meurt au bout de cinq cents ans, il se consume dans un feu soudain, puis il renaît de ses cendres. On dit qu'une larme du phœnix peut guérir, c'est pourquoi cette carte nous parle également de guérison et des soins.

Dans un tirage, cette carte vient vous dire que l'arrivée d'un nouveau cycle est là, qu'il va y avoir guérison des obstacles et des drames passés, elle vous parle de votre immortalité.

Cette carte peut représenter le ou la consultant·e et il peut aussi s'agir d'une personne de l'entourage comme un médecin ou un guérisseur, une personne capable de renaître de ses cendres et qui vous permet de surmonter des épreuves qui paraissaient insurmontables.

En + : un nouveau cycle qui démarre après une épreuve, vous renaîtrez de vos cendres.

En - : fin d'un cycle soudain, violent et épuisant (quoique nécessaire).

Les Humeurs qui accentuent les traits du Phœnix :
- Compassion
- Amour
- Fierté
- Nostalgie
- Lâcher-prise

La Salamandre

La salamandre représente le feu, la spiritualité, la foi qui ne peut

être détruite. C'est un amphibien qui résiste aux flammes, d'après la légende. Elle représente à la fois le feu et l'eau. C'est la maîtrise des éléments. Autrefois, elle était comparée à une jeune fille vivant dans les brasiers. Elle pouvait aussi être assimilée à des pratiques de sorcellerie et notamment au poison.

Elle jaillit des flammes, alors qu'initialement elle vit dans l'eau, et elle survit !

La salamandre est dans le feu qu'elle dompte, c'est aussi la pudeur, la chasteté, la régénération. Elle est associée au mercure et au soufre. Elle peut aussi être associée au vif-argent (l'amiante), c'est l'esprit créateur, un combustible, l'éternité. C'est la gardienne du feu sacré.

Lorsqu'elle est en danger, elle dégage un neurotoxique contre ses prédateurs. Elle se nourrit du bon feu et éteint le mauvais. Sa métaphore est la résistance au feu de la tentation et elle se jette corps et âme dans les flammes sacrées de l'illumination.

Dans un tirage, cette carte vient vous dire que vous avez une résistance, une capacité de régénération.

En + : vous pouvez affronter les épreuves et réparer les dégâts, il faut maîtriser les éléments.

En - : vous avez besoin de sortir du feu, risque d'échauffement, nécessité de varier les éléments.

En personnage, elle peut représenter une jeune fille très résistante ou une femme concurrente, si c'est en négatif.

Les Humeurs qui accentuent les traits de la Salamandre :
- Jalousie
- Opportunité
- Ambition

Associations optimales guides/chambres :

	Jupiter	Mars	Mercur
Cerf		⌘	
Corbeau			⌘
Dragon	⌘		
Escargot			
Fée			
Licorne			
Papillon			
Phœnix			
Salamandre			⌘

ATURNE	SÉLÈNE	SOLEIL	VÉNUS
✤			
	✤		
	✤		✤
	✤		✤
			✤
		✤	

Associations optimales Guides/humeurs :

	Positives					
	Amour	Compassion	Fierté	Intuition	Joie	Spontanéité
Cerf			✤	✤		✤
Corbeau				✤		
Dragon			✤			✤
Escargot						
Fée			✤		✤	✤
Licorne	✤	✤	✤			
Papillon				✤	✤	✤
Phœnix	✤	✤	✤			
Salamandre						

NEUTRES				NÉGATIVES					
LÂCHER-PRISE	NOSTALGIE	OPPORTUNITÉ	RELATIVITÉ	AMERTUME	ÉGOÏSME	JALOUSIE	MENSONGE	RIGIDITÉ	VÉNALITÉ
		✤	✤						
		✤				✤	✤		✤
					✤	✤			
✤			✤					✤	
		✤		✤		✤			
								✤	
✤			✤						
✤	✤								
		✤				✤			

MELENCOLIA I

LES OBJETS

La catégorie des Objets est là pour vous donner des outils symboliques afin d'arpenter le labyrinthe.
Il peut s'agir de temps (le sablier), de lumière (la bougie), d'une clef, etc. Autant d'objets qui sont une allégorie de ce qui peut nous manquer pour surmonter les obstacles du quotidien.

Mélancholia de Albrecht Dürer, 1514

Les Ailes d'Icare

Icare est le fils de Dédale, architecte qui a construit le labyrinthe pour le roi Minos. Ce dernier punit Dédale pour de multiples raisons. Icare et Dédale se retrouvent donc piégés dans le labyrinthe (les plans ne sont plus accessibles) et cherchent un moyen d'en sortir.

Dédale décide de fabriquer des ailes en cire et en plumes pour lui et son fils afin de s'extraire du labyrinthe par les airs. Il précise à Icare de ne pas trop s'approcher du Soleil sous risque de faire fondre la cire, ni de la mer à cause de l'humidité.

Icare, aveuglé par la beauté de la lumière du soleil, se laisse porter et tente de s'en approcher. La cire se mit à fondre et Icare s'échoua dans la mer.
Cette carte vient vous mettre en garde contre l'aveuglement que l'ambition peut provoquer.

Dans un tirage, votre ambition est nécessaire pour sortir du labyrinthe. L'important est de bien savoir la doser.

En + : elle vous invite à prendre confiance en vous. Rassurez-vous sur vos compétences, ayez de l'ambition ! Prenez votre envol, vos ailes sont solides.

En - : ambition trop grande. Vous allez vous brûler les ailes. Revoyez vos objectifs à la baisse sous peine de sombrer. Orgueil.

Les associations de cartes :
- *Charybde et Scylla* : votre ambition va vous conduire à votre perte.
- *Le fil d'Ariane* : une aide extérieure vous permettra d'arriver à votre objectif.
- *L'Escargot* : frein dans l'ambition.
- *L'Argent, l'Habit* : domaine professionnel, poste notable, responsabilités.
- *Le Narcisse, le poison* : trop d'ambition, mégalomanie.
- *La Fêlure, le Narcisse* : apparence.
- *L'Équilibre* : vie professionnelle versus vie personnelle.
- *L'Empreinte* : ce que vous laisserez derrière vous dépend de l'ambition que vous avez.

Les Humeurs qui accentuent les traits des Ailes d'icare :

- Ambition
- Relativité

Le sage guérit de l'ambition par l'ambition même ; il tend à de si grandes choses, qu'il ne peut se borner à ce qu'on appelle des trésors, des postes, la fortune et la faveur.

Jean de La Bruyère, Les Caractères (1696)

Dédale et Icare de Desnoyers,
Auguste-Gaspard-Louis

L'Argent

Cette carte vous parle de votre situation matérielle.
L'argent est une énergie, une ressource. Le monde matériel se dompte comme l'eau ou la lumière. Il faut le canaliser, ne pas le gâcher mais le partager.

Cette carte vous parle de tous les aspects matériels de votre vie. Il peut s'agir de l'aspect professionnel ou personnel mais sur un plan financier et matériel. Observez les ressources disponibles autour de vous, une aide d'un tiers, un prêt, un local, un outil qui vous permettra d'économiser de l'argent ou d'en gagner.

En + : vous aurez un gain d'argent ou accès à des ressources matérielles qui vous font défaut.

En - : une perte d'argent ou des problèmes matériels.

Les associations de cartes :

- *Le Corbeau* : un homme d'affaires ou une personne qui est un escroc si c'est en négatif
- *Le Jeu de cartes* : Que ce soit en négatif ou en positif, ce n'est pas parce que vous n'avez pas les bons outils au départ que vous n'arriverez pas à vos fins, analysez toutes les ressources qui se présentent à vous.
- *Les Ailes d'Icare* : l'argent est relié à votre ambition, vous seul·e pouvez décider du niveau matériel que vous méritez.
- *Le Fil d'Ariane* : une personne à l'extérieur va vous aider matériellement.
- *La Fêlure* : vous avez peur de manquer et vous pensez que seule la sécurité matérielle peut vous sécuriser.
- *Le Vortex* : en positif ou négatif, vous aurez une suite d'événements qui auront un impact dans le domaine matériel.

Les Humeurs qui accentuent les traits de l'Argent :

- Vénalité
- Égoïsme
- Jalousie
- Opportunité

La Bougie

La bougie est le symbole de la lumière, celle qui rompt les ténèbres. Elle représente l'espoir, l'issue, la sortie du tunnel.
La flamme, le feu qui s'élève vous appelle à vous élever spirituellement. Elle permet une connexion avec le monde éthérique, l'invisible. Elle purifie, nettoie.
Elle peut aussi vaciller et s'éteindre, cet espoir fragile et précieux doit être préservé.

Dans un tirage :
Le message : la lumière de la bougie rompt l'obscurité dans laquelle vous vous trouviez. Vous allez voir clair de nouveau.

En + : lumière au bout du tunnel, fin des problèmes, espoir.

En - : éphémérité, saisir l'opportunité rapidement sous peine de ne plus la voir se représenter.

Les associations de cartes :
- *L'Étoile* et *l'Arc-en-ciel* : protection, signe céleste.
- *La Clef* : solution imminente.
- *Le Fil d'Ariane* : chance, aide externe.
- *Le Joker* : un élément de dernière minute va vous tirer d'affaire, l'espoir n'est pas perdu.

Les Humeurs qui accentuent les traits de la Bougie :
- Joie
- Compassion
- Ambition

Mieux vaut allumer une bougie que maudire les ténèbres.

Lao-Tseu

La Clef

Je te donnerai les clefs du royaume des cieux : ce que tu lieras sur la terre sera lié dans les cieux, et ce que tu délieras sur la terre sera délié dans les cieux.

Matthieu 16 : 19

Au-delà de l'aspect religieux, une des clefs les plus célèbres dans notre culture est bien évidemment la clef du paradis.

La clef est un symbole puissant. L'objet en lui-même est fascinant quant au potentiel pouvoir qu'elle vous donne. Pouvoir que vous n'aviez pas auparavant.

Qui n'a jamais trouvé une clef en se demandant ce qu'elle pouvait ouvrir ? Ce moment magique du champ des possibles. La clef d'un coffre qui comporte un trésor, d'une porte secrète ou d'un journal intime.

La clef vous ouvre une possibilité. Elle vous donne accès à un lieu qui vous était soit inconnu, soit interdit. Elle est aussi unique, donc vous en avez l'exclusivité. Vous êtes privilégié·e. Lorsque vous confiez les clefs de votre logement, vous ne les donnez qu'aux seules personnes de confiance.
La personne qui détient cette clef gagne du temps, a une longueur d'avance, prend un raccourci pour arriver à la sortie du labyrinthe ou pour trouver le trésor qui s'y cache en son centre.
L'analogie dans votre vie est multiple : vous détenez une information, une compétence qui va vous permettre de trouver l'issue.
La clef est en vous.

Les expressions avec le mot « clef » vous apportent un début d'explication :

- La clef des champs (la liberté).
- La clef du paradis (accès au bonheur).
- La clef du mystère (résolution d'un problème).
- La clef de voûte (soutien, force).

Dans un tirage :

Le message : les portes vont s'ouvrir en grand. Vous seul·e détenez la clef et elle vous ouvre ce à quoi vous avez besoin d'accéder.

En + : solution trouvée à votre problématique.

La clef est entre vos mains. Regardez bien autour de vous. Le problème va se déverrouiller. L'issue est proche.

En - : vous rencontrerez un blocage, un verrouillage. On ne vous donne pas accès aux sphères que vous convoitez. Le mystère reste entier et vous restez devant la porte.

Vous l'avez peut-être perdue, cette clef. Il faudra forcer les portes si vous voulez passer ou utiliser les fenêtres.

Les associations de cartes :

- *Le Fil d'Ariane* : aide extérieure.
- *L'Arc-en-ciel* : accès à un trésor.
- *L'Argent* : accès à un trésor, solution financière.
- *La Poulie* : démarrage, mouvement, la machine redémarre.

Les Humeurs qui accentuent les traits de la Clef :

- Fierté
- Opportunité
- Rigidité : clef coincée dans la serrure

INTELLIGENTIBUS
Intellectus
qui potest capere, capiat
VERITATEM
Per
DEUS
HOMO
ROTA
Lucae XI. 52
VAE Vobis Legis peritis, quia tulistis CLAVEM SCIENTIAE. ipsi non introistis, et introeuntes prohibuistis.

Le Fil d'Ariane

Dans la mythologie grecque, Minos, roi de Crète, devait faire une

offrande de 7 jeunes garçons et de 7 jeunes filles au Minotaure enfermé dans le labyrinthe, et ce, tous les neuf ans. Ariane, la fille du roi, confia à Thésée, dont elle était amoureuse, une pelote de fil qu'il devrait dérouler pour pouvoir trouver le chemin du retour. Grâce à ce fil, Thésée put tuer le monstre et retrouver son chemin.

Le Fil d'Ariane représente cette aide extérieure pour sortir du labyrinthe. Cette carte, dans un tirage, vous guide vers la sortie.

En + : une personne aimante vous apporte son aide, acceptez-la.

En - : le fil risque de casser et vous risquez de vous retrouver bloqué·e dans le labyrinthe.

Les associations de cartes :

- *Les Guides* : ils représentent la personne qui va vous aider.
- *La Clef* : ouverture du labyrinthe.
- *La Martingale* ou *le Joker* : l'issue est rapide.
- *La Bougie, l'Étoile* ou *l'Arc-en-ciel* : on vous montre le chemin de la sortie.
- *L'Empreinte* ou *la Cicatrice* : remémorez-vous vos expériences passées pour trouver la solution : le fil d'Ariane est en vous. Vous avez laissé des traces sur votre passage qui vous permettront de retrouver votre chemin.

Les Humeurs qui accentuent les traits du Fil d'Ariane :

- Compassion
- Relativité
- Opportunité
- Lâcher-prise
- Rigidité (risque de casser le fil)

L'Habit

Au commencement du monde étaient Adam et Ève.
Ils étaient nus. Je ne vais pas revenir sur ce passage fondateur de l'Ancien Testament et des trois principales religions monothéistes.
Cette carte souligne ici la nudité originelle dont nous sommes issus à la naissance.
Une fois que notre vie commence, on revêt des attributs, des vêtements. Au départ, pour les besoins physiologiques, ces vêtements ont une fonction sociale. Ils permettent de « paraître » au monde (« par-être » en langue des oiseaux).

L'habit est un vêtement particulier car il porte un statut, il représente votre rôle face aux autres, dans la société.
C'est l'ethos (le statut) d'Aristote. La façon dont le statut social et les signes distinctifs de celui-ci influencent notre manière de faire confiance.
Ne se fier qu'à l'ethos d'autrui est un biais cognitif.
« L'habit ne fait pas le moine. »
Cette carte vient vous mettre en garde contre cela.

Dans un tirage : l'habit est votre carapace, votre bouclier. Quel habit avez-vous choisi pour vous présenter au monde ?

En + : elle vient vous dire que vous allez monter dans l'échelle sociale (les aspects matériels ou professionnels). Promotion professionnelle, notable.

En - : perte de prestige, de confiance en soi, manque de compétences. Se méfier d'une personne importante.

Les associations de cartes :
- Tous les Guides associés à l'Habit représentent une personne notable.
- *Le Corbeau* : l'homme d'affaires.
- *Le Cerf* : le notable.
- *L'Argent, la Martingale* : le monde des affaires. Domaine professionnel.
- *La Cicatrice* : confiance en soi.
- *Le Narcisse, la Fêlure* : le paraître, le narcissisme, seule l'apparence (visuelle ou sociale) compte.

Les Humeurs qui accentuent les traits de l'Habit :

- Vénalité
- Ambition
- Opportunité

Oh ! Que de grands seigneurs n'ont que l'habit pour tous talents !

Jean de La Fontaine

Nicolas II de Larmessin, 1514

LE JEU DE CARTES

Cette carte vous parle du jeu, des atouts qui vous ont été distribués à la naissance. On n'a pas tous le même jeu au départ. Elle vient vous dire de ne pas vous plaindre, car le plus important est surtout votre stratégie de jeu, comment vous menez la partie.
Même avec de mauvaises cartes, vous pouvez gagner.

Dans un tirage : cette carte vous interpelle sur votre stratégie globale.

En + : de bons atouts pour gagner la partie. La partie est gagnée facilement.
En - : doutes, victimisation, peur de perdre (orgueil), peur de l'adversaire, dépendance.

Associations de cartes :
- *La Fée* : on vous parle de vos dons, ce en quoi vous êtes unique et quelle carte vous devez jouer pour gagner.
- *Le Corbeau* : un homme d'affaires, une personne intelligente et vive, attention, ce peut être un manipulateur ou un escroc (selon le tirage -/+).
- *La Martingale* : attention de ne pas tricher mais vous avez trouvé une solution pour contourner les règles du jeu.
- *Les Ailes d'Icare* : vous voulez aller loin, attention de ne pas vous brûler les ailes. C'est un jeu mais il y a des conséquences.
- *Le Joker* : un élément majeur va apparaître dans votre vie et vous permettre de gagner. Immédiatement.
- *Le Poison* : addiction au jeu.

Les Humeurs qui accentuent les traits du Jeu de cartes :
- Opportunité
- Vénalité (si vous voulez gagner coûte que coûte)
- Jalousie : vous jalousez le jeu du voisin ? Ou quelqu'un jalouse le vôtre ?

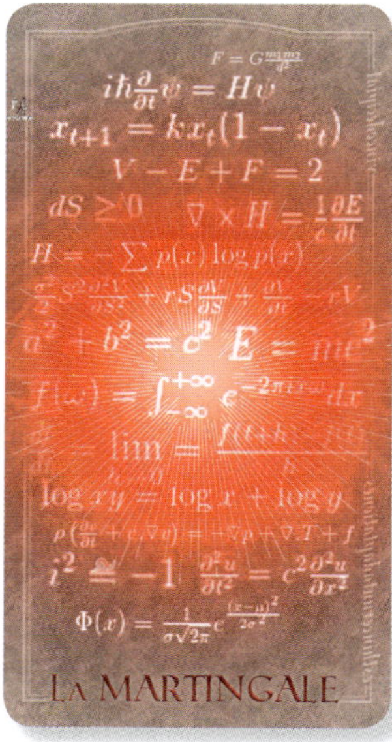

La Martingale

La martingale est une technique « secrète » détenue par le joueur pour gagner aux jeux de hasard à tous les coups, tout en respectant les règles du jeu.
En réalité, la preuve de l'efficacité des martingales, donc de leur existence, n'a jamais été apportée. D'où son aspect illusoire.

Dans un tirage, cette carte vous parle d'un secret que seul·e vous détenez. Ce secret vous permettra d'aboutir à la réussite de votre objectif, quel que soit le domaine concerné.

Selon sa place dans le tirage, cette carte vous met en alerte sur votre capacité à gagner la partie ou sur l'illusion que vous vous faites de vous-même.

En + : une solution inopinée va arriver. Vous allez gagner la partie rapidement.

En - : cette martingale est un leurre. Vous essayez de tricher, vous êtes bercé·e dans l'illusion (et la prétention). Ne vous laissez pas engloutir dans cette chimère, vous avez les mêmes chances que les autres.

Les associations de cartes :

- *Le Jeu de cartes* : vous voulez vraiment gagner la partie.
- *Le Corbeau* : escroc, manipulateur.
- *L'Habit* : illusion de pouvoir.
- *Le Narcisse* ou les *Ailes d'Icare* : ambition ou mégalomanie.
- *La Clef* ou *le Fil d'Ariane* : l'issue est proche.
- *La Poulie* : résultat décuplé.
- *Le Joker* : réussite fulgurante.

Les Humeurs qui accentuent les traits de la Martingale :

- Vénalité
- Ambition
- Opportunité
- Égoïsme

La Poulie

La poulie permet de décupler les forces. Elle permet de soulever une charge lourde, avec un effort moindre.
Cette carte peut aussi parler de mouvement, de voyage et accompagner une transformation personnelle ou professionnelle.
La poulie du puits (ici sur l'image) relie la profondeur de la terre avec l'extérieur, de l'obscur vers la lumière.

Cette carte vient vous dire que vous arriverez à vos fins avec un effort minime.

En + : un coup de pouce externe va vous permettre d'obtenir de grands résultats.
La poulie représente le mouvement, l'effort facilité, le travail valorisé, l'ascension. Elle peut aussi représenter les voyages ou les déplacements.

En - : attention, si un grain de sable se glisse dans les rouages, c'est le blocage de la machine.

Les associations de cartes :
- *L'Argent, le Fil d'Ariane, les Guides* (une personne va vous aider).
- *La Martingale* : solution immédiate (attention de ne pas tricher trop fort et trop vite, sinon le fil de la poulie peut casser net et de haut).
- *Le Sablier* : dépêchez-vous, cette poulie est là mais pas pour toujours, saisissez tout de suite cet outil tombé du ciel.

Les Humeurs qui accentuent les traits de la Poulie :
- Opportunité
- Spontanéité

Le Sablier

Le sablier symbolise le temps qui passe, qui s'écoule, la chute éternelle du temps. C'est l'accès d'un temps à un autre.
Vous êtes un être mortel, nous allons tous mourir, c'est un fait.
Le sablier vient nous rappeler cette condition de mortel. Le passage étroit de l'écoulement du sable représente le moment présent.
Dans un tirage, cette carte est en votre faveur. Vous aurez le temps d'accomplir ce que vous voudrez. Le message de la carte est votre finitude, toute chose a une fin. Le sablier parle aussi de cycle, lorsqu'il se termine. Quand il est écoulé, on retourne le sablier.
C'est le bon moment pour agir.

En + : prenez votre temps pour agir. Le temps joue pour vous.

En - : dépêchez-vous d'agir, il est peut-être trop tard.

Les associations de cartes :

❧ *Le Narcisse* : début d'un nouveau cycle et vous serez le premier.

❧ *Le Phœnix* : vous renaîtrez de vos cendres, le sablier représente également dans ce cas un nouveau cycle, très fort, très puissant dans votre vie.

❧ *Laisse les morts ensevelir leurs morts* : fin du cycle.

❧ Pour les questions de santé, *le Sablier* associé avec *la Licorne*, le *Phœnix* ou *la Cicatrice* sont un signe de guérison, du temps vous sera accordé.

❧ *Le Continuum* ou *le Vortex* : une série d'événements va arriver de façon très concentrée dans un laps de temps.

❧ *Alea jacta est* : si le sablier est en négatif, c'est qu'il est trop tard.

❧ *Carpe diem* : le seul moment important est le moment présent. Arrêtez d'être dans l'urgence.

Les Humeurs qui accentuent les traits du Sablier :

❧ Intuition : reconnectez-vous à votre cycle intérieur.

❧ Nostalgie : vous vivez dans le passé, le temps passé n'existe plus.

❧ Amertume ou Jalousie : vous réfléchissez peut-être à la vengeance (qui est « un plat qui se mange froid »).

Vouloir maîtriser le temps est comme vouloir dompter le vent. C'est lui qui nous bouscule et reste incontrôlable.

Radmou, Réflexion

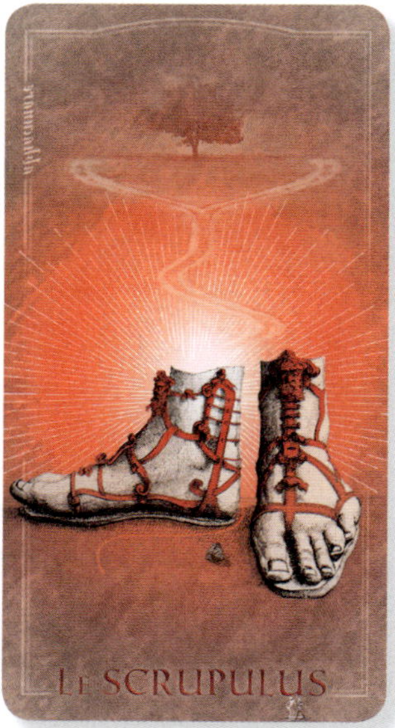

Le Scrupulus

En latin, *scrupulus* signifie petite pierre pointue. C'est une petite pierre qui se trouvait dans les spartiates des légionnaires romains et les empêchait d'avancer. Cela a donné naissance au mot « scrupule ». Cet embarras, cette pensée qui vous taraude et vous empêche d'avancer. Le soldat était alors gêné pour marcher, il avait mal et il devait prendre une décision.
Deux choix se présentaient à lui : soit il s'arrêtait pour retirer le petit caillou, mais il ralentissait alors tout le bataillon, soit il gardait le petit caillou pour ne pas ralentir le bataillon, mais il devait rester avec sa douleur qui augmentait au fur et à mesure. Il choisit alors de souffrir

en silence, notion de sacrifice. Avoir des scrupules, c'est avoir des petits cailloux dans la tête qui vous embêtent.
Cette carte, dans un tirage, vous parle d'un choix que vous allez devoir faire.Un choix entre votre intérêt personnel et l'intérêt général. Ce choix vous obsède et vous titille comme le fait le petit caillou dans la sandale.

En + : vous ferez le bon choix, douleur soulagée, cheminement facilité.

En - : entreprise ralentie, douleur, regret. Désagrément dans le parcours. Mauvais choix.

Les associations de cartes :
- *Le Sablier* : selon le tirage en négatif ou positif, vous aurez le temps de faire ce choix ou vous ne l'aurez pas.
- *L'Étoile* ou *l'Arc-en-ciel* : suivez les signes célestes et connectez-vous à votre intuition.
- *L'Équilibre* : il est temps de prendre une décision sous peine de perturber votre équilibre.

Les Humeurs qui accentuent les traits du Scrupulus :
- Égoïsme
- Lâcher-prise
- Intuition

Les scrupules sont des obstacles que franchissent les bons coureurs.

Marguerite Crépon

Associations optimales objets/chambres :

	Jupiter	Mar
Ailes d'Icare	⌘	⌘
Argent		⌘
Bougie	Cette ca	
Clef	Cette ca	
Fil d'Ariane		
Habit	⌘	⌘
Jeu de cartes		⌘
Martingale	Cette ca	
Poulie		⌘
Sablier	Cette ca	
Scrupulus	Cette ca	

ERCURE	SATURNE	SÉLÈNE	SOLEIL	VÉNUS
terfère de façon équivalerte dans toutes les Chambres.				
terfère de façon équivalente dans toutes les Chambres.				
⌘				
⌘				
terfère de façon équivalente dans toutes les Chambres.				
⌘				
terfère de façon équivalente dans toutes les Chambres.				
terfère de façon équivalente dans toutes les Chambres.				

Associations optimales objets/humeurs :

	Positives					
	Amour	Compassion	Fierté	Intuition	Joie	Spontanéité
Ailes d'Icare						
Argent						
Bougie		✤			✤	
Clef			✤			
Fil d'Ariane		✤				
Habit						
Jeu de cartes						
Martingale						
Poulie						✤
Sablier				✤		
Scrupulus				✤		

NÉGATIVES	VÉNALITÉ		✤				✤	✤	✤			
	RIGIDITÉ				✤	✤						
	MENSONGE											
	JALOUSIE		✤					✤				
	ÉGOÏSME		✤						✤			✤
	AMERTUME										✤	
NEUTRES	RELATIVITÉ	✤				✤						
	OPPORTUNITÉ		✤		✤	✤	✤	✤	✤	✤		
	NOSTALGIE										✤	
	LÂCHER-PRISE					✤						✤

LES APOLOGUES

Les Apologues sont une catégorie de l'oracle qui représente des symboles, des paraboles. Imaginez-vous errant dans le labyrinthe et vous apercevez des signes ou des mots inscrits au sol ou sur les murs, ce sont les apologues.

Ces écrits sont comme des panneaux de signalisation qui balisent le labyrinthe.

Ils vous orientent sur le chemin qui vous attend, les obstacles que vous allez rencontrer ou les raccourcis qui vous donneront un coup de pouce dans votre quête.

Ces apologues vous délivrent un message, une morale, qui va vous être utile pour la compréhension de votre labyrinthe interne.

Suivez-les, écoutez-les.

Paysage avec un arc en ciel
Schelte Adamsz, Bolswert, 1638

Alea Jacta Est

« Le sort en est jeté » : cette phrase fut prononcée par Jules César au moment de traverser le fleuve Rubicon. Cette locution que l'on peut aussi traduire par « les dés sont jetés » signifie que ce qui est fait est fait. On s'en remet à la chance, au destin, sans aucune possibilité de modifier le cours des événements.
Qui vivra verra ! Impossible de revenir en arrière.

C'est une carte qui vous dit de lâcher prise, de patienter.

En + : vous avez fait le maximum, l'action est accomplie.

En - : prenez du recul, il est trop tard pour agir maintenant.

Les associations de cartes :
- *Carpe diem* : profitez du moment présent sans vous préoccuper du futur ou du passé.
- *Laisse les morts ensevelir leurs morts* : lâchez le passé.
- *Le Sablier* : trop tard pour agir, le temps est écoulé, ce qui doit arriver arrivera.
- *L'Alpha & Oméga* : l'événement s'inscrit dans un tout, un chemin de vie.

Les Humeurs qui accentuent les traits d'Alea jacta est:
- Relativité
- Lâcher-prise
- Nostalgie
- Spontanéité

Alpha & Oméga

Première et dernière lettres de l'alphabet grec. Encore une fois, au-delà de l'aspect religieux, ce symbole ancestral est très présent dans de nombreuses cultures. Il représente le tout. Jésus a dit : « Je suis l'alpha et l'oméga. »

D'un point de vue spirituel, l'Alpha & Oméga vient vous rappeler que vous appartenez à un tout, vous êtes là pour accomplir une mission. Même si cette mission se résume à une humble vie terrestre.

Dans la notion du tout, il faut entendre une entité complète et parfaite. Nous appartenons à un tout, nous sommes tous liés.

Anaxagore de Clazomènes parlait du Noûs de l'Univers, « les choses

qui sont » se réunissent ou se dissocient dans un processus sans fin. Même à votre mort, votre âme se transforme et retourne dans l'univers, dans le tout que nous composons.
Plus tard, Lavoisier reprendra cette philosophie dans ses travaux pour en déduire son fameux « Rien ne se perd, rien ne se crée, tout se transforme ».
L'idée que ce que vous accomplissez à un instant « T» est en fait une pierre d'un grand édifice.
Lorsque vous avez la pierre entre vos mains, brute, non taillée, vous n'en voyez peut-être pas l'utilité. Mais en prenant du recul, en vous projetant sur sa place dans la bâtisse, vous réaliserez à quel point cette pierre est utile pour solidifier l'ensemble, le stabiliser ou l'édifier, fier jusqu'aux cieux.

Dans un tirage : cette carte vient vous rassurer sur votre mission, vous êtes peut-être dans le doute sur le pourquoi d'une action, ou d'un désir.

En + : l'Alpha & Oméga vient vous dire d'avancer à l'aveugle, de vous laisser guider par votre intuition.

En - : elle vous alerte sur le fait que votre action sort de votre entité primale. Vous vous dénaturez, vous ne vous en apercevez pas, mais votre âme ne veut pas de cela.

Les associations de cartes :

- *Le Corbeau* : connectez-vous à votre intuition.
- *L'Équilibre* : trouvez votre rythme intérieur et accomplissez votre mission.
- *La Fleur de vie* : votre mission va éclore, elle est en toute puissance, et elle est majeure.

Les Humeurs qui accentuent les traits de l'Alpha & Oméga :

- Amour
- Joie
- Compassion
- Lâcher-prise

Parce que toute chose commence par le temps meurtrier, la naissance de tout ce qui nous paraît éternel avec son soleil et sa lune, avec ses étoiles, avec ses jours et ses nuits qui se succèdent sans se lasser, avec sa longue histoire, avec ses drames et ses bonheurs, n'est rien d'autre que l'annonce de la mort. Dieu lâche le temps sur le monde pour le créer et le détruire. Alpha et Oméga. Vishnu et Shiva. Le début appelle la fin. La mort est l'autre nom de la vie.

Jean d'Ormesson, Comme un chant d'espérance

Chi Rho influencé celtique, Boston

L'Arc-en-ciel

L'arc-en-ciel est un phénomène physique de décomposition de la lumière dans le ciel, juste après la pluie. Ce magnifique signe céleste est positif, il met en joie instantanément et éblouit même la plus sceptique des personnes qui l'aperçoit. Bon présage.

Il est rare et sa vision éphémère en fait un événement merveilleux.

Dans un tirage, cette carte est toujours positive, même tirée en négatif. Ce symbole représente un pont entre le ciel et la terre, signe de l'au-delà, protection des anges gardiens, des ancêtres, des défunts.

Bonheur, joie, lumière, votre vœu sera exaucé.

Promesse d'un trésor caché, le vôtre, à l'intérieur de vous.

En + : Réponse favorable au tirage

En - : l'arc-en-ciel annule les effets négatifs du tirage. Espoir, bonne nouvelle.

Les associations de cartes :
- *La Fleur de vie* et *l'Alpha & Oméga* : renaissance, puissance du renouveau.
- Un guide : une personne, morte ou vivante, vous protège.
- *Le Phœnix* et *le Papillon* : renaissance, légèreté, prise de hauteur, libération.
- *L'Étoile* et *la Fée* : protection absolue, vous affronterez les épreuves in fine, quelles qu'elles soient.

Les Humeurs qui accentuent les traits de l'Arc-en-ciel :
- Joie
- Amour
- Compassion
- Lâcher-prise

Si tu veux l'arc-en-ciel, tu dois supporter la pluie.

Dolly Parton

Carpe Diem

Carpe diem, quam minimum credula postero est une locution latine extraite d'un poème d'Horace que l'on traduit en français par : « Cueille le jour présent sans te soucier du lendemain », littéralement « cueille le jour, et [sois] le moins crédule [possible] pour le [jour] suivant. »

Ce message philosophique est avant tout une invitation à contempler l'instant, le savourer, mais en conscience. Il ne faut pas se soucier du lendemain, ni du jour précédent d'ailleurs. Ni le passé, ni le futur ne comptent, seul le présent mérite de s'attarder.

« Ne sois pas crédule pour le lendemain » vous précise qu'il faut se renforcer sur cette attention immédiate. Il y a une forme de responsabilité, un choix éclairé.
Le passé n'existe plus, le futur est l'inconnu, vous pouvez agir seulement sur le présent.

Ce concept est à rapprocher du concept japonais des haïkus[1].

Dans un tirage : concentrez-vous sur votre ressenti, quelle émotion vous traverse maintenant ? L'ici et le maintenant.

En + : le présent va vous apporter des plaisirs simples et précieux.

En - : vous êtes trop préoccupé·e par le passé ou l'avenir.

Les associations de cartes :
- *Le Sablier* : votre rapport au temps.
- *Laisse les morts ensevelir leurs morts* : ne restez pas dans le passé.

Les Humeurs qui accentuent les traits de Carpe diem :
- Lâcher-prise
- Joie

---

1 Source Wikipédia : « Un haïku est un petit poème extrêmement bref visant à dire et célébrer l'évanescence des choses. »

Charybde & Scylla

Charybde et Scylla sont deux monstres marins (d'après la mythologie, la fille de Gaïa est une nymphe, toutes les deux punies par les dieux et transformées en monstres) : ils représentent une roche dangereuse et un maelström. Il s'agit sûrement de la zone géographique du détroit de Messine qui fut reprise par la mythologie grecque.
Ulysse, lors de son épopée maritime, après avoir été prévenu du danger par Circé, se retrouve face un choix avec son équipage, il doit choisir entre Charybde et Scylla pour traverser ce détroit.Il choisit Scylla mais perd tout de même des hommes pendant cette épreuve.

Ce mythe a donné l'expression *« tomber de charybde en scylla »*, aller de mal en pis.

Cette carte est assez catastrophique, elle annonce des événements difficiles. Elle donne le conseil de rester en retrait, ne pas y aller, voire de revenir en arrière.

Restez sur place et attendez que la situation se calme avant d'entreprendre quelque chose.

En + : elle vous avertit qu'une catastrophe se prépare. Ne bougez plus, il est encore temps de rebrousser chemin.

En - : la situation va empirer. Vous risquez de vous écraser contre les rochers, ou d'être englouti·e dans les fonds marins. Restez immobile, attendez que la tempête se calme.

Les Humeurs qui accentuent les traits de Charybde & Scylla :

- Toutes les humeurs négatives

Les associations de cartes :

- *Le Vortex* ou *le Continuum* : série rapide d'événements.
- *Le Poison* et *la Cicatrice* : la santé peut se dégrader.
- *La Clef* : blocage.
- *Le Sablier* : danger imminent.
- *Alea jacta est* : trop tard, le mal est fait.
- *L'Argent* : problème matériel.

- *Le Corbeau* : personne malveillante qui cherche votre perte.
- *Laisse les morts ensevelir leurs morts* : fin du cycle dans une catastrophe.
- *Le Fil d'Ariane* ou *la Bougie* : espoir, aide épuisée (si tirée en négatif).

Quand on s'attend au pire, le moins pire a une saveur toute particulière, que vous dégusterez avec plaisir, même si ce n'est pas le meilleur.

Agnès Ledig, Juste avant le bonheur

Ulysse entre Charybde et Scylla
de William Bromley, 1805

Fresque du cycle d'Ulysse
de Alessandro Allori, vers 1575

La Cicatrice

Cette carte vient vous rappeler que vous avez été blessé·e. Vous avez vécu une épreuve qui vous a marqué mais maintenant cette cicatrice est là pour vous dire que vous avez en vous la capacité de guérison. Vous avez survécu.

Cette carte est en rapport avec la guérison, la santé, le corps.

Elle parle de la cicatrice émotionnelle mais aussi de la cicatrice physique, les marques corporelles (tache de naissance, grain de beauté, vergetures) ; pour certains, il peut s'agir de son rapport personnel avec l'apparence, le narcissisme. Si la question repose sur des problèmes de santé, la cicatrice vous parle des séquelles laissées.

Et c'est surtout votre capacité de guérison, comment la peau (ou votre âme) peut elle-même mettre en action tout un processus de cicatrisation, refermer les plaies, stopper les hémorragies (psychologiques ou physiologiques).

En + : force après une blessure, guérison.

En - : fragilité, blessure, prenez garde qu'elle ne s'ouvre à nouveau.

Les associations de cartes :

- *La Fêlure* : fragilité, prendre soin de soi.
- *Mens sana in corpore sano* : équilibre corps/esprit, maladie mentale ou physique.
- *L'Équilibre* : prenez soin de vous et ne faites pas d'excès sous peine de rouvrir vos cicatrices.
- *La Licorne* et *le Phœnix* : guérison, renaître de ses cendres.

Les Humeurs qui accentuent les traits de la Cicatrice :

- Compassion
- Rigidité
- Lâcher-prise

Le souvenir commence avec la cicatrice.

Alain

LE CONTINUUM

Le continuum représente une sorte de faille spatio-temporelle.
Ce continuum espace-temps vous prévient qu'une suite d'événements va survenir dans un lieu précis.
Pendant ce laps de temps sur cet endroit défini, une cascade de faits va se déclarer.

Dans un tirage : cette carte vient vous avertir de vous préparer à cela. À la différence du vortex, le continuum est aussi et surtout géographique, c'est relié à un lieu.

En + : événements positifs, avalanche de bonheur.

En - : des moments difficiles reliés au lieu. Le cas échéant, c'est le moment de changer de lieu, de vous ressourcer et de vous éloigner des énergies néfastes présentes sur ce lieu.

Les associations de cartes :
- *Le Dragon* : puissance dévastatrice.
- *Le Vortex* : plus de contrôle possible, lâcher prise.
- *Le Poison* : obsession, addiction, maladie.

Les Humeurs qui accentuent les traits du Continuum :
- Lâcher-prise

Un être humain est une partie du tout que nous appelons "Univers"... Une partie limitée dans le Temps et dans l'Espace.

Albert Einstein

L'Empreinte

Cette carte vous parle de ce que vous laissez au monde après votre passage. Comment voulez-vous être perçu ? Est-ce que vous laissez une trace ou tel un fantôme, votre existence n'est pas perceptible ? Sur quoi ou auprès de qui voulez-vous laisser votre empreinte ? Cette carte vous fait réfléchir à l'impact qu'ont vos actions sur le monde.

Dans un tirage : cette carte vous invite à prendre en compte l'héritage de votre action sur votre entourage.

En + : une bonne empreinte, transmission, mission. Vous avez œuvré dans le bon sens pour faire avancer autrui.

En - : il est temps pour vous de transmettre quelque chose, de laisser votre empreinte dans ce monde. Ne restez plus effacé.e.

Les associations de cartes :
- *Le Jeu de cartes* et *l'Habit* : ces cartes concernent la sphère professionnelle ou la notoriété, carrière, échelle sociale, poste important.
- *L'Alpha & Oméga* : mission de vie.

Les Humeurs qui accentuent les traits de l'Empreinte :
- Opportunité
- Égoïsme
- Amour
- Compassion
- Jalousie
- Critique

L'empreinte d'un homme sur un autre est éternelle, aucun destin n'a traversé le nôtre impunément.

François Mauriac

L'ÉQUILIBRE

L'équilibre représenté ici par le symbole millénaire du Yin et du Yang vous parle des dualités complémentaires qui nous entourent.
L'un n'existe pas sans l'autre et l'un existe parce que l'autre existe. Ce qu'il faut comprendre avec ce symbole, c'est qu'il ne s'agit pas de deux opposés mais de deux forces complémentaires régies par une troisième : le mouvement perpétuel. C'est ce mouvement qui maintient l'équilibre dans son entité. Ce n'est pas un élément figé.

Cette carte vient vous dire de soit œuvrer vers plus d'équilibre, soit que vous l'avez trouvé. Elle vous informe que l'équilibre, tel un fil de funambule, est extrêmement subtil et fragile. Le risque de basculer d'un côté ou de l'autre est présent. Il vous faut rester attentif·ve sous peine de chavirer. La seule solution, c'est d'avancer, le mouvement. Si vous restez figé·e, vous tombez. L'union de deux paradoxes finalement complémentaires et indissociables est également le message caché de cette carte. Cette carte vous invite à accepter la totalité des opposés, surtout ceux que vous refoulez, ceci afin d'harmoniser le tout.

En + : vous allez trouver votre équilibre (professionnel/personnel, corps/esprit, famille/ami, etc.).

En - : un élément de votre vie est en déséquilibre. Replacez cette carte par rapport à la question posée. Le contexte traité dans le tirage provoque un déséquilibre.

Les associations de cartes :
- *Mens sana in corpore sano* : équilibre corps/esprit.
- *Carpe diem* : ne restez pas dans le passé ou le futur, trouvez l'harmonie ici et maintenant.
- *L'Alpha & Oméga* : ancrage, mission de vie, vous êtes aligné·e.
- *La Poulie* : avancez pour rééquilibrer la machine.

Les Humeurs qui accentuent les traits de l'Équilibre :
- Rigidité : blocage
- Relativité : équilibrer les + et les -

Trouver le juste équilibre entre le cœur et l'esprit procure à l'âme une belle sérénité et une très grande plénitude.

Chérif Kebbasx

L'ÉTOILE

L'étoile est à comprendre ici comme une allégorie de l'étoile du Berger ou de l'étoile Polaire. Ces deux références étaient des guides pour les bergers sur la notion du rythme de la nuit et des saisons et aussi des guides pour les explorateurs maritimes.

C'est un repère fiable et constant. Elle indique la route à suivre, elle vous rassure. C'est une allégorie de votre destinée. L'étoile montre le but à atteindre, la destination finale, telle une boussole.

Dans de nombreuses prophéties, l'étoile en tant que signe divin est annonciatrice d'une naissance, d'un messie ou d'un événement majeur pour l'humanité.

C'est aussi un signe de protection, ayez confiance, l'énergie universelle est présente et se manifeste dans le ciel.

Dans un tirage : l'étoile apparaît dans l'obscurité pour vous guider, suivez-la. Elle vous indique le chemin à suivre.

En + : protection, aide du destin.

En - : fatalité, mauvaise étoile. Dans l'ensemble, cette carte est positive, si le tirage est très sombre, l'étoile peut être teintée sinon, c'est un signe de protection tout de même.

Les associations de cartes :
- *L'Arc-en-ciel* : protection (peut-être d'un défunt).
- *La Fleur de vie* : annonciation d'une naissance.
- *L'Alpha & Oméga* : votre mission, votre destinée.

Les Humeurs qui accentuent les traits de l'Étoile :
- Amour
- Lâcher-prise
- Ambition
- Intuition

Si la nuit les étoiles relaient le soleil, c'est pour ne pas laisser s'éteindre l'espérance.

Brigitte Jaques, Dis, est-ce que ça repousse les ailes ?

LA FÊLURE

La fêlure représente votre fragilité. Elle symbolise aussi votre rapport à l'apparence, le vernis visible de l'extérieur.
Le message de la carte est de souligner votre fragilité, votre faille. Comment gérez-vous vos faiblesses ? Cette carte peut se rapprocher de celle de la cicatrice à la seule différence que la cicatrice vous parle plutôt de votre santé.

La fêlure peut aussi faire référence au monde matériel, à votre rapport aux objets. Êtes-vous matérialiste ? Jetez-vous facilement les objets cassés ou abîmés ?

Cette carte parle de la valeur que vous portez aux choses ou à vous-même.
Il est temps de renforcer votre confiance en vous, votre propre estime. Je vous invite à découvrir deux concepts japonais pour réfléchir sur cette notion de fêlure :
- le kintsugi : se réparer et s'embellir ;
- le wabi-sabi : observer et accepter l'empreinte du temps qui passe.

Dans un tirage : la Fêlure est la carte de la confiance en soi. Peu importe les attaques vécues par le passé, vous vous êtes reconstitué·e et vous êtes à nouveau debout.

En + : renforcement, réparation efficace en cours.

En - : fragilité, risque de se briser, dépression.

Les associations de cartes :
- *La Fée* : protection, soin.
- *Le Phœnix* : renaître de ses cendres, même brisé·e, vous arriverez à vous reconstituer.
- *Carpe diem* : observer le moment présent et le savourer.
- *Laisse les morts ensevelir leurs morts* : lâcher prise, accepter de vieillir.

Les Humeurs qui accentuent les traits de la Fêlure :

- Rigidité
- Critique
- Relativité
- Compassion
- Amour (de soi)
- Nostalgie

Chaque être est doué d'un don qui lui permet d'être un soutien, une consolation ou une lumière pour les autres ; mais aussi d'une faille, d'une fêlure, d'une fragilité, qui réclame l'aide d'autrui.

Frédéric Lenoir

Vase de Soissons

Vase de Soissons (zoom)

La Fleur de vie

« Tandis qu'Hermès ébloui contemplait leur floraison éparse et leurs mouvements majestueux, la voix lui dit : Cette vision renferme les nombres éternels, les signes évocateurs et les clefs magiques. Plus tu apprendras à la contempler et à la comprendre, et plus tu verras s'étendre ses limites. Car la même loi organique gouverne tous les mondes. » Édouard Schuré, Les Grands Initiés

La fleur de vie est un symbole ancestral de géométrie sacrée que l'on retrouve sur de nombreux monuments et objets à travers le monde depuis la nuit des temps. Elle revient dans de nombreuses religions et cultures.

Elle concentre à elle seule : la symbolique du nombre 7, la suite de Fibonacci, l'arbre de vie, la graine de vie (la cellule originelle de la création humaine). Elle symbolise la multiplication infinie des cellules, l'expansion, la croissance, l'énergie vitale universelle, la matrice, la naissance.

Dans un tirage : cette carte vient vous montrer votre puissance créatrice de vie. Elle symbolise une naissance (sens propre et figuré). Elle parle de l'embryon, la matrice, que ce soit pour les projets, les bébés, les entreprises, une nouvelle relation.

En + ou en - : elle est positive. Cette carte efface tout effet négatif du tirage.

Les associations de cartes :
- *La Licorne* et *l'Escargot* : fécondité, grossesse, naissance.
- *Le Phœnix* : nouveau cycle, nouvelle vie.
- *La Bougie* : l'espoir n'est pas perdu, tant qu'il y a de la vie, il y a de l'espoir.
- *L'Arc-en-ciel* et *l'Étoile* : signe de protection, bonheur, épanouissement.
- *Mens sana in corpore sano* : renaissance après une maladie psychique ou physique.

Les Humeurs qui accentuent les traits de la Fleur de vie :
- Joie
- Amour
- Compassion
- Opportunité

Le Joker

Le joker tire son origine du fou du roi, le bouffon. Son homologue dans le tarot de Marseille est le Mât (ou le Fou).
Il délivre ce qui est caché, il porte un message d'opportunités inattendues. Il peut être la première, la dernière carte ou toutes les autres.
Il erre sans but, il est insouciant, il est là pour divertir.
Cette carte se substitue aux autres et vous ouvre toutes les possibilités.

Dans un tirage : elle vient vous dire qu'une opportunité inespérée va apparaître.
C'est votre atout de dernière minute, votre botte secrète qu'il est temps de sortir.
Toutes les possibilités s'ouvrent à vous, il suffit de choisir la bonne. Innocence, insouciance, liberté.

Attention, cette carte ne se joue qu'une seule fois.

En + : nouveau départ, commencement, coup de pouce du destin. Vous détenez une carte magique. Le champ des possibles est devant vous. Partir à l'aventure.

En - : risque de perdre la tête ou sa route. Folie, désorientation, perte de contrôle et de sens (risque de triche).

Les associations de cartes :
- *La Poulie* : voyage, déplacement.
- *Alea jacta est* : qui vivra verra, continuez d'avancer sans vous retourner.
- *Le Jeu de cartes* : la vie est perçue comme un jeu, une partie de cartes. Attention à ne pas prendre cela trop à la légère...
- *La Martingale* : solution absolue, botte secrète mais attention, en négatif, risque de triche.
- *Le Corbeau* : une personne fantasque, bavarde, un filou ; en négatif, un escroc.
- *Mens sana in corpore sano* : en négatif, risque de maladie mentale, dépression.

Les Humeurs qui accentuent les traits du Joker :

- Opportunité
- Spontanéité
- Lâcher-prise
- Joie
- Ambition

Stultorum Chorea. La danse des fous est un dessin de Frans Hogenberg, 1560

LAISSE LES MORTS ENSEVELIR LEURS MORTS

Cette phrase, prononcée par Jésus (d'après la Bible), transmet avant tout un message philosophique. Au-delà de l'aspect religieux, cette carte vient vous dire de lâcher ce qui n'est plus.
Il faut laisser partir ce qui est nécrosé. Laisser aux morts, au putride, au passé, ensevelir ce qui ne pourra plus être. Il faut lâcher prise, vivre dans le présent.
Cette carte vient vous dire de faire le deuil d'une situation morte, il faut tourner la page, passer à autre chose. Une nouvelle étape arrive, du neuf après une situation obscure.

Dans un tirage, cette carte vous dit qu'il est temps de s'accrocher au vivant. Transformation, changement profond.

En + : vous allez vous détacher d'une situation passée ou réussir à surmonter un deuil ou un chagrin. Vous allez tourner la page.

En - : vous restez accroché au passé, il est temps d'avancer.

Les associations de cartes :

- *Le Corbeau* : le corbeau est ici en tant que messager, guide entre deux mondes. La mort est imminente. Il peut s'agir de la mort physique mais aussi au sens figuré, la fin d'une situation.
- *Le Sablier* : fin d'un cycle.
- *Charybde et Scylla* : drame à venir qu'il faudra dépasser.
- *Carpe diem* : il est temps de faire le deuil et de s'autoriser à vivre.
- *Alea jacta est* : il est trop tard, il ne faut pas s'accrocher au passé.

Les Humeurs qui accentuent les traits de la carte :

- Nostalgie
- Lâcher-prise
- Amertume
- Rigidité

Ne pleure pas sur les morts, qui ne sont plus que des cages dont les oiseaux sont partis.

Saadi, Le Jardin des fruits

Mens sana in corpore sano

Cette locution latine signifie : « un esprit sain dans un corps sain ». Cette carte donne le message d'équilibrer le corps et l'esprit. L'un est aussi important que l'autre. La santé de l'un dépend de la santé de l'autre et inversement.

Comme l'explique si bien la médecine chinoise, le corps agit sur l'esprit et l'esprit agit sur le corps. Cette carte vous explique qu'il ne faut négliger ni l'un ni l'autre.
Elle vous parle de l'équilibre sur votre santé mentale ou physique.

Dans un tirage : cette carte vous dit de ménager votre corps et votre esprit. Si la question posée est d'ordre professionnel, elle peut vous parler d'un burn-out. Restez à l'écoute de votre ressenti, de vous-même.

En + : vous vous équilibrez au niveau de votre santé, vous prenez soin de vous.

En - : il est temps de prendre soin de vous et d'arrêter les excès. Maladie physique ou psychique.

Les associations de cartes :

- Les guides de guérison pour les questions de santé, *Phœnix, Licorne, Salamandre* : guérison, régénération.
- *L'Équilibre* : équilibre corps/esprit.
- *Le Joker* : maladie mentale, folie.
- *Le Poison* : maladie psychique ou physique, addiction, situation toxique.
- *La Cicatrice* : guérison.
- *La Fêlure* : fragilité de santé.
- *Carpe diem* : prendre soin de soi au quotidien.
- *Laisse les morts ensevelir leurs morts* : maladie passée, fin d'un cycle.

Les Humeurs qui accentuent les traits de la carte :

- Compassion
- Intuition
- Relativité
- Lâcher-prise

LE NARCISSE

Narcisse, fils de Céphise et de Liriopé. Il est d'une grande beauté et également très vaniteux. Il s'attira la colère des dieux en repoussant l'amour de la nymphe Écho. En se promenant, Narcisse vit son reflet dans l'eau d'une source et en tomba amoureux, il se laissa mourir à force de se contempler. La fleur qui poussa sur le lieu de sa mort porte son nom.

Elle est le symbole du printemps, du renouveau, d'un nouveau cycle, de la primeur (c'est une des premières fleurs à apparaître au printemps).C'est aussi la capacité de faire émerger le beau après le drame.

Dans un tirage : cette carte représente la nouveauté, un nouveau cycle, le début.
La beauté après le drame.

En + : vous serez le·la premier·ère à agir, à vous présenter. Vous allez faire naître la beauté.

En - : narcissisme, égocentrisme, superficialité vaine, paraître. Excès des apparences, du vernis, pas assez de profondeur.

Les associations de cartes :
- Les guides : une personne narcissique.
- *Le Poison* : narcissisme.
- *La Fêlure* ou *la Cicatrice* : apparence, perfection narcissique.
- *Les Ailes d'Icare* : se surestimer.

Les Humeurs qui accentuent les traits du Narcisse :
- Égoïsme
- Ambition
- Vénalité

Le Poison

Comme son nom l'indique, quelqu'un ou quelque chose vous empoisonne. Il peut s'agir du ou de la consultant·e.
Le message donné ici est qu'il est temps de se désintoxiquer le corps ou l'esprit. Selon la question posée, il peut s'agir d'une addiction (tabac, alcool, ou autre), ou d'un poison psychologique (paranoïa, rigidité, mensonge, etc.). Il peut s'agir d'une personne toxique (surtout en association avec un guide), ou d'une situation toxique.

En + : vous allez enfin vous défaire de ce poison, assainir en fonction du domaine traité.

En - : cette personne, situation ou addiction fera obstacle à votre objectif qui vous ronge de l'intérieur. Cette carte est très puissante, car elle vous met en garde contre un élément extrêmement destructeur. Il ne faut pas la considérer à la légère.
Dans la sphère professionnelle, attention au burn-out. Dans la sphère sentimentale, emprise affective avec une personne perverse (surtout avec le *Corbeau* ou la *Salamandre*).

Les associations de cartes :
- *Le Corbeau* ou *le Narcisse* : pervers narcissique, manipulateur (homme/femme).
- *La Salamandre* : maîtresse, concurrente.
- *Le Dragon* : homme puissant destructeur.
- *La Cicatrice, la Fêlure, Mens sana in corpore sano* : relatif à la santé, la maladie (physique ou mentale).
- *Charybde et Scylla* : aggravation de la situation, danger imminent, il faut se défaire rapidement de cette situation.
- *Le Vortex* ou *le Continuum* : suite d'éléments en lien avec ce qui vous empoisonne.
- *Laisse les morts ensevelir leurs morts* : il est temps de se défaire de cette situation sous peine d'entraîner sa perte.

Les Humeurs qui accentuent les traits du Poison :
- Toutes les humeurs négatives

Donne-moi du poison pour mourir ou des rêves pour vivre.

Gunnar Ekelöf

Le Vortex

La carte du vortex, représentée par une puissante spirale, symbolise l'infini, le gouffre qui entraîne tout sur son passage.
Tel un cyclone, cette carte vous annonce que vous allez être entraîné·e dans une série d'événements en pagaille. Vous ne pourrez rien maîtriser si ce n'est d'essayer de vous y préparer en amont. Vous n'aurez aucun contrôle le moment venu.

C'est une carte rapide, presque violente. Le vortex va vous aspirer dans une suite de bouleversements soudains.

Dans un tirage : si cette carte est placée en synthèse, il faudra la mettre en parallèle avec les autres cartes et la question posée pour analyser la signification de cette carte.

En + ou en - : ces événements peuvent être négatifs ou positifs selon le placement de la carte dans l'oracle.

Pas de chambre particulière, le vortex peut intervenir dans tous les domaines de la vie.

Les associations de cartes :
- *Le Dragon* : destruction violente, colère.
- *La Poulie* : mouvement, voyage.
- *Les Ailes d'Icare* : ambition, domaine professionnel.
- *Charybde et Scylla* : catastrophes en cascade.
- *Alea jacta est* : ce qui est fait est fait, aucun contrôle possible, perte totale de la maîtrise de la situation.

Les Humeurs qui accentuent les traits du Vortex :
- Lâcher-prise
- Relativité
- Opportunité

Associations optimales apologues/chambres :

	Jupiter	Mars
Alea jacta est	Cette carte interf	
Alpha & Oméga		
Arc-en-ciel		
Carpe diem		
Charybde & Scylla		
Cicatrice		
Continuum	Cette carte interf	
Empreinte		
Équilibre	Cette carte interf	
Étoile		
Fêlure	✤	
Fleur de vie		
Joker		
Laisse les morts ensevelir leurs morts		
Men sana in corpore sano		
Narcisse	✤	
Poison		
Vortex	Cette carte interf	

ERCURE	SATURNE	SÉLÈNE	SOLEIL	VÉNUS
e façon équivalente dans toutes les Chambres.				
			✤	
			✤	
		✤		✤
	✤			
		✤		
e façon équivalente dans toutes les Chambres.				
			✤	
e façon équivalente dans toutes les Chambres.				
			✤	
			✤	
		✤	✤	
✤				
	✤			
	✤			
e façon équivalente dans toutes les Chambres.				

Associations optimales apologues/humeurs :

	POSITIV			
	AMOUR	COMPASSION	FIERTÉ	INTUITION
ALEA JACTA EST				
ALPHA & OMÉGA	✤	✤		
ARC-EN-CIEL	✤	✤		
CARPE DIEM				
CHARYBDE & SCYLLA				
CICATRICE		✤		
CONTINUUM				
EMPREINTE	✤	✤		
ÉQUILIBRE				
ÉTOILE	✤			✤
FÊLURE	✤	✤		
FLEUR DE VIE	✤	✤		
JOKER				
LAISSE LES MORTS ENSEVELIR LEURS MORTS				
MEN SANA IN CORPORE SANO		✤		✤
NARCISSE				
POISON				
VORTEX				

NEUTRES						NÉGATIVES					
AMBITION	CRITIQUE	LÂCHER-PRISE	NOSTALGIE	OPPORTUNITÉ	RELATIVITÉ	AMERTUME	ÉGOÏSME	JALOUSIE	MENSONGE	RIGIDITÉ	VÉNALITÉ
		✤	✤		✤						
		✤									
		✤									
		✤									
						✤	✤	✤	✤	✤	✤
		✤								✤	
		✤									
	✤			✤			✤	✤			
					✤					✤	
✤		✤									
	✤		✤		✤					✤	
				✤							
✤		✤		✤							
		✤	✤			✤				✤	
		✤			✤						
✤							✤				✤
						✤	✤	✤	✤	✤	✤
		✤		✤	✤						

LES CHAMBRES

Cette catégorie des Chambres est la plus complexe mais c'est surtout la plus profonde des catégories. Elle doit être abordée dans sa globalité.

Il faut imaginer les Chambres comme des alcôves dans lesquelles vous pouvez vous réfugier à l'intérieur même du labyrinthe.

Elles sont au nombre de 7.

Le chiffre 7 détient une valeur symbolique très grande.

C'est **le nombre sacré** par excellence. Il symbolise **l'achèvement**... et **la totalité**.

7 couleurs de l'arc-en-ciel, 7 notes de musique, les 7 cercles de la fleur de vie, les 7 vertus et les 7 péchés capitaux.
En alchimie, les 7 planètes représentent 7 métaux, 7 dieux qui ont donné leur nom aux 7 jours de la semaine.
Le chiffre 7 est une clef équilibrante de l'être humain, les cycles des semaines, les 7 chakras, les 7 couleurs de l'arc-en-ciel et les 7 notes de musique, les 7 corps astraux pour ne citer que ceux-ci.
La nature et le corps humain sont régis par ce chiffre 7 : les cellules se régénèrent sous des cycles de 7, heures, jours, mois, années, les cycles lunaires, le cycle menstruel de la femme sont des multiples de 7, le cycle des marées également, la liste est non exhaustive.

Cette catégorie forme un tout.
Je précise et j'insiste qu'il n'y a pas d'ordre, vous pouvez utiliser une chambre pour ce qu'elle représente et développer le tirage sur chaque carte ou sur la totalité des cartes (voir le chapitre sur les tirages pages 23).
Vous pouvez considérer cette catégorie comme le cheminement de votre quête personnelle. Elle regroupe l'entièreté des domaines d'une vie.

On peut la mettre en parallèle avec d'autres outils de développement personnel comme la pyramide de Maslow par exemple (qui explique les besoins humains).

La pyramide de Maslow

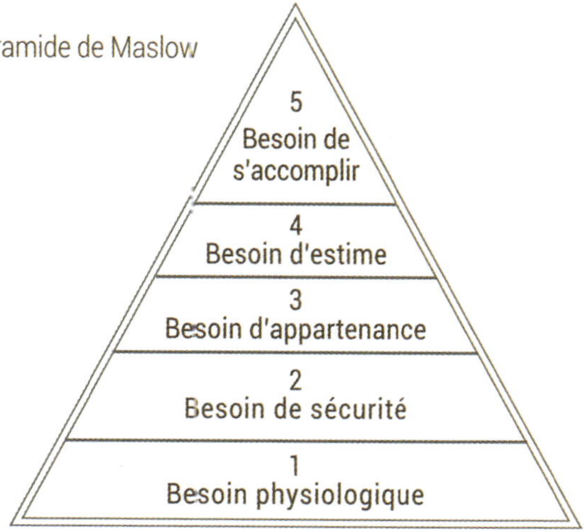

1 ✣ SÉLÈNE : *foyer, le cocon*
2 ✣ MARS : *la guerre, l'argent, la profession, la sécurité matérielle*
3 ✣ MERCURE : *sphère sociale*
4 ✣ JUPITER : *reconnaissance, pouvoir*
5 ✣ SOLEIL : *rayonnement, accomplissement de soi*

Saturne (obstacles pouvant être présents partout) et Vénus (amour et beauté) étant indispensables à tous les niveaux de la pyramide.

Enfin, concernant les 7 étapes à surmonter dans une vie, voici un parallèle qui complète les domaines dits « classiques » :

✣ **la sphère organique** : le corps physique, la santé, le vivant, la chair, **Vénus** ;

✣ **la sphère matérielle** : la matière, l'argent, les objets, l'environnement, **Mars** ;

✣ **la sphère psychique** : l'esprit, le mental, **Jupiter** ;

✣ **la sphère spirituelle** : les connexions avec l'Univers (Dieu ou toute autre entité spirituelle), **Mercure** ;

✣ **la sphère ancestrale** : les liens issus de votre famille, vos ancêtres, la psychogénéalogie, les défunts, **Sélène** ;

✣ **la sphère karmique** : ce qui vous relie à vos vies antérieures et à votre incarnation, **Saturne** ;

✣ **la sphère de rayonnement** : votre aura, votre épanouissement, **Soleil**.

Quelle que soit votre difficulté, interrogez-vous d'abord de quelle sphère est issu ce problème. Souvent, c'est une erreur d'identification qui bloque l'avancement de votre guérison. Par exemple :

- un problème de santé peut être dû à une sphère matérielle défaillante ;
- une vie professionnelle bloquée peut être simplement un atavisme des professions de nos parents ;
- un problème matériel peut trouver sa source dans la sphère karmique, etc.

Dans un tirage, chaque chambre représente un domaine de votre vie.

La Chambre de Sélène

Le foyer – La famille

L'Argent – Séléné chez les Grecs, Luna chez les Romains.
Son jour est le lundi.
La Lune est en rotation synchrone, c'est-à-dire que l'on ne voit qu'un seul côté de sa surface. Elle semble cacher l'autre côté, d'où son analogie avec l'illusion, l'intime, la pudeur, le foyer. La Lune correspond au foyer, à la sécurité (émotionnelle), c'est pourquoi elle est le symbole de la figure maternelle, rassurante, enveloppante. Elle vous parle de vos habitudes, de votre zone de confort, de votre cocon.

La Chambre de Mars

Professionnel – Guerre

Le Fer – Arès chez les Grecs, Mars chez les Romains.

Son jour est le mardi.

Mars représente la guerre, l'action, l'initiative. Dans une vie, c'est l'âge des prises de décisions, celui où on est vaillant pour aller à la guerre (le travail). C'est une énergie de combat, de courage, on n'a peur de rien et on possède toute la force pour surmonter les obstacles. C'est aussi l'analogie avec la sphère professionnelle et matérielle. Le fer dont se sert le forgeron pour travailler la matière et fabriquer les armes de combat.

La Chambre de Vénus

Sentimental

Le Cuivre – Aphrodite chez les Grecs, Vénus chez les Romains. Son jour est le vendredi.

Cette planète est associée à l'amour, la séduction, la beauté, la féminité. C'est l'analogie de la sphère sentimentale, la douceur, les arts. Elle vous parle de la relation à l'autre mais dans une dimension de séduction. C'est aussi la planète des artistes et du beau, ainsi que celle des amoureux.

La Chambre de Mercure

Sphère sociale – Amis – Voyage

Le Mercure – Hermès chez les Grecs, Mercure chez les Romains. Son jour est le mercredi.

Mercure représente la capacité d'échange avec autrui, la communication. Hermès était le messager des dieux et aussi un protecteur des voyageurs (saint Chr stophe chez les chrétiens). Mercure vous parle de la sphère sociale, votre fluidité à communiquer, à vous exprimer. C'est aussi vos déplacements, vos découvertes, vos voyages, la mobilité, le mouvement (physique ou mouvement de paroles).

La Chambre de Jupiter

Popularité – Reconnaissance – Pouvoir

L'Étain – Zeus chez les Grecs, Jupiter chez les Romains.

Son jour est le jeudi. Jupiter représente la puissance, l'autorité, à la différence de Mars, cette reconnaissance est exercée dans la maturité et la sagesse, avec moins de fougue mais plus de puissance. C'est la sphère de l'expansion, du rayonnement, du pouvoir, de l'exubérance. C'est aussi le jugement, l'autorité que l'on peut craindre. Idéalement, cette énergie nous parle aussi d'équilibre et de stabilité. Votre capacité à l'optimisme, la maturité épanouie qui apporte la confiance, l'expérience du vécu.

La Chambre de Saturne

Obstacles

Le Plomb – Kronos chez les Grecs, Saturne chez les Romains. Son jour est le samedi.

Saturne est la planète de l'inertie, du temps, de la cristallisation, de la pesanteur, de l'ordre rigide, de la stabilité, de la régularité absolue et de la précision. Il incarne la concentration s'opposant à tout changement et constitue un frein puissant à certaines réalisations. Il pousse au repliement sur soi, à la réserve, à l'économie des forces, à l'égoïsme et à la froideur.

La Chambre du Soleil :

Ego – Accomplissement de soi – Abondance

L'Or – Hélios chez les Grecs (très souvent assimilé à Apollon), Sol chez les Romains.

Son jour est le dimanche.

Le Soleil représente la partie visible du rayonnement de soi : l'ego, mais pas seulement. C'est l'individualité, la lumière puissante qui nous permet d'exister, la volonté, l'énergie vitale. Cette planète mobilise les énergies vitales et les forces créatrices, primales. Le soleil vous parle de votre mission de vie, de votre âme, qui vous êtes vraiment et comment vous voulez rayonner. Il symbolise également l'abondance, ce pour quoi vous avez toujours de l'énergie : vos projets. La lumière du Soleil ne se tarit pas, votre lumière intérieure non plus.

1 ⚜ **Saturne** – *Plomb* : avarice (contraire de prudence).

2 ⚜ **Jupiter** – *Étain* : gourmandise (contraire de tempérance).

3 ⚜ **Mars** – *Fer* : colère (contraire d'espérance).

4 ⚜ **Vénus** – *Cuivre* : luxure (contraire de justice).

5 ⚜ **Mercure** – *Mercure* : envie (contraire de charité).

6 ⚜ **Lune** – *Argent* : paresse (contraire de force d'âme).

7 ⚜ **Soleil** – *Or* : orgueil (contraire de foi).

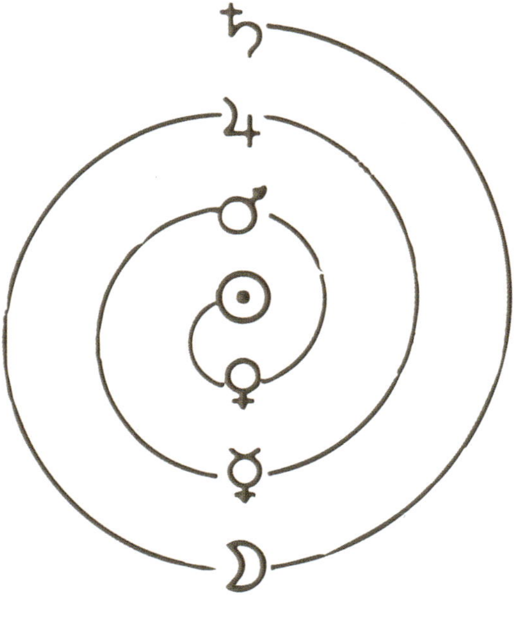

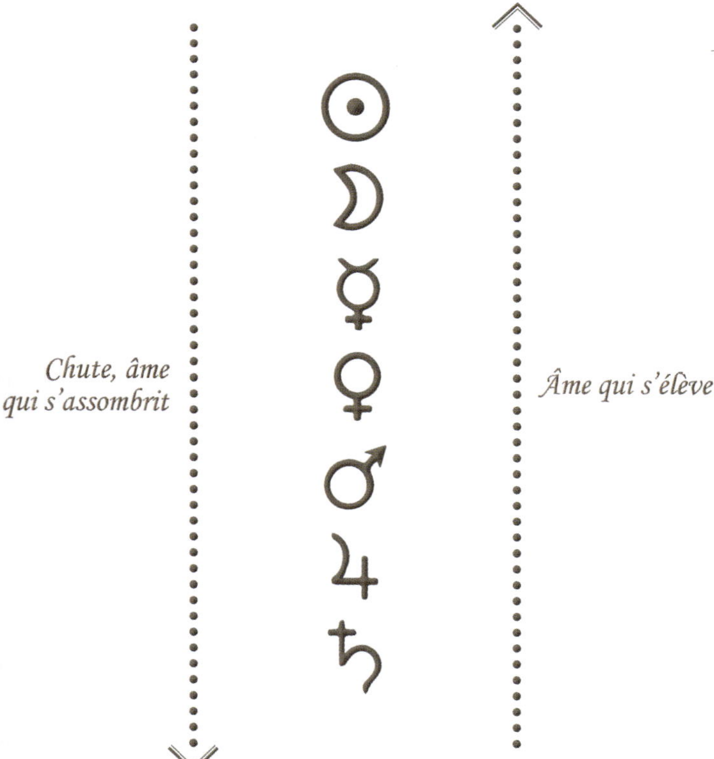
Chute, âme qui s'assombrit
☉ ☽ ☿ ♀ ♂ ♃ ♄
Âme qui s'élève

LES HUMEURS

Les Humeurs sont une catégorie à part de l'oracle.

La carte des Humeurs doit être tirée tout à la fin pour donner une couleur émotionnelle à la question posée.

Elle teinte le tirage et appuie la signification des autres cartes.

Il y a 3 polarités dans cette catégorie :

Les Humeurs positives
qui sont bonnes, quel que soit le tirage.

Les Humeurs neutres
qui s'orientent en fonction des cartes précédemment tirées.

Les Humeurs négatives
qui confirment l'aspect obscur du tirage.

Les expressions des passions de l'âme de Charles Le Brun, vers 1660

Les Humeurs positives

Amour

C'est la base, la raison d'être de l'humanité et de toutes vos actions. Cette carte vient confirmer que chaque chose que vous faites est remplie d'amour et vous permettra de le transmettre et de le diffuser.

Si la question posée est d'ordre sentimental, peu importe le tirage, la réponse est positive.

Joie

Cette carte vient vous extirper de la morosité. Soit elle vous confirme un contexte de bonheur, soit elle vous invite à insérer de la joie dans votre attitude et votre action. La joie guérit, elle vous transporte et vous nourrit. Cultivez-la, acceptez-la, elle ne peut vous faire que du bien.

Intuition

L'intuition est ce petit être intérieur qui vous parle et vous connecte à vos rêves et la version améliorée de votre vie. Écoutez-le, apprenez à le reconnaître quand il vous parle. Vous connaissez sa langue, car c'est vous qui l'avez fait naître. L'intuition se manifeste dans votre corps, avec les maux du corps si elle n'arrive pas à se faire entendre. C'est aussi la carte des synchronicités. Si l'une des cartes du tirage vous parle concernant une synchronicité, la carte de l'intuition viendra vous confirmer que c'est le bon chemin pour sortir du labyrinthe. L'intuition est votre meilleure amie, votre guide. Prenez contact avec elle dès que vous en avez l'occasion.

Spontanéité

Cette carte vous dit de laisser s'exprimer la joie et l'intuition qui vous animent. Laissez sortir ce qui doit être dit. Ne vous renfermez pas sur vous-même. Si vous avez peur de mal faire ou de vous tromper, cette carte vous invite à agir en toute liberté.

COMPASSION

Cette carte vous invite à faire preuve d'empathie pour autrui et aussi pour vous-même. Chez les bouddhistes, nous formons un tout. Ce que vous faites de bien vous reviendra. La compassion apportée à l'autre permet aussi de vous remplir d'Amour.

FIERTÉ

Il faut comprendre ici le terme fierté non pas au sens d'orgueil mais au sens de satisfaction. Soyez fier·ère de vous, du travail accompli et des actions menées. Pas de regret à avoir. La fierté apporte une rectitude et un élan.

Les Humeurs neutres

Relativité

Cette carte vous demande de relativiser et de dédramatiser. Changez votre point de vue. Si votre tirage est plutôt bon, restez attentif·ve à la suite. S'il est mauvais, prenez une autre posture et regardez l'ensemble sous un nouvel angle. Vous verrez que tout dépend de votre élément de comparaison. Placez-vous en position « méta ».

Ambition

Cette carte vous invite à aller plus loin si votre tirage est timide. N'ayez pas peur de voir grand. En revanche, si le tirage est négatif, attention à ne pas vous brûler les ailes. D'ailleurs, avec la carte des *Ailes d'Icare*, les deux cartes prendront la même polarité. Instillez de l'ambition dans vos projets, cette carte vous servira de starter.

Opportunité

C'est la carte des occasions à saisir. Ne devenez pas opportuniste pour autant, ou intéressé. Mais si l'intention première est pure, cette carte vous invite à foncer ; n'ayez pas peur de vous planter. Avec une carte négative comme *Charybde et Scylla*, en revanche, elle vous invite à vous méfier, voire ne pas y aller du tout, même si l'opportunité est alléchante.

Critique

Cette carte peut paraître, de prime abord, négative, en fait elle est neutre. Parfois une critique positive peut vous faire progresser, acceptez-la. Elle peut aussi vous dire d'arrêter de critiquer les autres personnes ou vous-même.

NOSTALGIE

Cette carte vous invite à accueillir votre nostalgie des choses passées ou ce sentiment cotonneux qui parfois nous enrobe. Si le tirage vous parle et fait référence à des expériences passées, analysez ce qui en sort de bon. Attention à ne pas sombrer dans la tristesse.

LÂCHER-PRISE

Arrêtez de vous harnacher à vos croyances limitantes. Lâchez prise et laissez venir ce que l'univers a prévu pour vous. Acceptez de ne pas contrôler. En revanche, avec la carte de l'*Escargot* par exemple, cette carte peut signifier que vous glissez vers la nonchalance, donc ne lâchez pas trop sous peine de sombrer.

Les Humeurs négatives

Jalousie

La jalousie est un poison. Cette carte vous avertit que soit vous jalousez une personne ou soit vous êtes jalousé·e par votre entourage. La jalousie, c'est vouloir la destruction du bonheur d'autrui pour la simple raison que l'on ne peut le posséder. Plus que l'envie qui, elle, est humaine, la jalousie a une dimension nocive, destructrice. Cette émotion est stérile et mènera à votre perte. Si vous en êtes victime, vous devez vous protéger, l'ultime protection est la fuite, l'ignorance de la personne jalouse.

Amertume

Est-ce que la rancœur vous anime ? Cette carte vous donne le message de pardonner. Il est temps d'arrêter de ruminer et d'en vouloir pour quelque chose qui est passé. La vengeance vous rongera de l'intérieur, repousser cette émotion néfaste est la seule issue pour avancer. Sinon, vous allez rester coincé·e dans le labyrinthe.

VÉNALITÉ

Avez-vous peur de manquer ? Si l'argent ou les biens matériels sont votre seule préoccupation, vous faites fausse route. La peur de manquer matériellement reflète une peur de ne pas être aimé·e. L'argent ne comble pas tout. C'est une énergie qui doit circuler, et cette énergie vous revient si son utilisation est noble.

RIGIDITÉ

Est-ce que vous manquez de souplesse dans votre attitude ? Êtes-vous maniaque ? Obsédé·e par le contrôle ? Cette carte vous invite à faire preuve de plus de souplesse, de tolérance. Envers les autres et aussi envers vous-même. Il faut diminuer l'enjeu que vous mettez dans vos projets, dédramatiser.

Mensonge

Le mensonge peut revêtir différents aspects. Cette carte vous met face à vos contradictions, tel un miroir. À qui mentez-vous ? À vous-même ? Aux autres ? Le mensonge est le meilleur ami de la mauvaise foi. Il peut s'agir d'une personne de votre entourage qui vous ment. À méditer : « Quand le mensonge prend l'ascenseur, la vérité prend l'escalier. »

Égoïsme

Cette carte vient vous dire d'arrêter de ne penser qu'à vous. Votre projet risque d'échouer par excès d'autocentrisme. Apprenez à écouter les autres en commençant par simplement les voir. Vous n'êtes pas seul·e.
Le message de cette carte est qu'à vouloir être au centre, vous allez finir seul·e. Il peut s'agir de l'égoïsme d'une personne de votre entourage.

Les Associations objets/guides

	Cerf	Corbeau	Dragon	Escarg
Ailes d'Icare			La puissance d'action se portera sur la bonne notion d'ambition.	
Argent		Homme/ femme d'affaires, commerçant·e, entrepreneur·e.		
Bougie				
Clef	Le cerf vous fera pénétrer dans la forêt et vous emmènera dans des endroits où nul n'a accès.	Une personne intelligente et rusée va vous sortir d'une situation difficile.		

Fée	Licorne	Papillon	Phœnix	Salamandre
				Un ou une concurrent·e.
				Un ou une concurrent·e.
L'espoir, l'issue sous rotection.	La licorne vient confirmer qu'il faut garder espoir.	Attention de ne pas se brûler, le papillon est attiré par la lumière brûlante de la bougie.		

	Cerf	Corbeau	Dragon	Escarg
Habit	Un notable, une personne de pouvoir.	Il s'agit d'un notable, une figure reconnue, de pouvoir : avocat·e, homme/femme politique.	Représentera une personne importante, un notable qui a du pouvoir.	
Jeu de cartes		Cette personne est un fin stratège, un spécialiste, un expert, un homme politique.		
Martingale				
Poulie			Forte puissance de mouvement.	Ralentis-sement d mouve-ment.
Sablier				Ralentis-sement.
Scrupulus				

Fée	Licorne	Papillon	Phœnix	Salamandre
			Une nouvelle partie commence.	

Les Associations apologues/guides

	Cerf	Corbeau	Dragon	Escargo
Alea jacta est				
Alpha & Oméga				
Arc-en-ciel				
Carpe diem				

Fée	Licorne	Papillon	Phœnix	Salamandre
	Toute votre entreprise est pure et s'inscrit dans une démarche pure.	Reliez-vous à votre âme, il est temps de vous inscrire dans un tout et de mettre en place votre mission de vie.		
rotection éleste ou gne d'une femme défunte.				
Douceur du jour présent, joie, légèreté.		Il est temps de rester dans le présent, de profiter de chaque instant et d'aller butiner les fleurs.		

... Suite du tableau des Apologues

	Cerf	Corbeau	Dragon	Escargo
Charybde et Scylla		La situation se dégrade et cette personne vous y entraîne.	Vous mènera à votre perte, destruction violente.	
Cicatrice				
Continuum				
Équilibre	Stabilité, ancrage.			
Empreinte	Vous devez laisser une trace de votre passage sur cette terre et l'empreinte du cerf restera dans les esprits.			
Étoile				

Fée	Licorne	Papillon	Phœnix	Salamandre
	Promesse de guérison, médecin, infirmière.		Vos maladies et blessures vont guérir.	Régénération, guérison.
otection.				

... Suite du tableau des Apologues

	Cerf	Corbeau	Dragon	Escarg
Fêlure			Risque de destruction attention que le dragon ne brise pas l'ensemble du service en porcelaine.	
Fleur de vie				Naissanc grossess
Joker				
Laisse les morts ensevelir leurs morts		On est sur un aspect obscur du tirage, cela représente le deuil, le chagrin, la mort.		
Mens sana in corpore sano				

Fée	Licorne	Papillon	Phœnix	Salamandre
aissance, enfant, fertilité.	Naissance, enfant, fertilité.	Votre méta-morphose est imminente une nouvelle vie com-mence.	Il s'agit d'une réelle et puissante renaissance.	
			Laissez le passé là où il se trouve, le temps du deuil est terminé, renaissance.	
	Signe de guérison. Il faut assainir l'équilibre corps/esprit afin de guérir.		Il est temps de se rééquili-librer. Une personne de votre entourage, un psycho-logue.	

... Suite du tableau des Apologues

	Cerf	Corbeau	Dragon	Escarg
Narcisse			Possibilité de narcissisme une personne qui rayonne et qui est très égocentrique.	
Poison		C'est une personne qui vous détruit, vous manipule, distille un poison psychologique ou physique dans vos veines.		
Vortex			Cette personne vous entraîne dans son histoire et le vortex, allié avec la puissance du dragon, risque d'être très destructeur. Colère.	Spirale accentué contradic lenteur/ rapidité début d'u séquenc d'événements tr marquar mais peu être lents

Fée	Licorne	Papillon	Phœnix	Salamandre
				En négatif : personne égoïste.
				Une personne jalouse, toxique dans votre entourage.
		Attention à la fragilité du papillon, vous risquez de ne pas en sortir indemne.		

LE TRÉSOR DES TROIS MÉSANGES

Dans une contrée lointaine, vivait une reine du nom d'Alix Pythie Anérade.
Elle avait trois enfants : Frantz, Paxie et Gersande.
Frantz était obtus et souvent en colère, mais très noble.
Paxie était rêveuse et s'isolait dans son monde.
Quant à Gersande, elle était espiègle, parfois impertinente.

Un jour, la reine dut partir faire la guerre contre le royaume de *Pandémia*.
Ils n'eurent plus de nouvelles d'elle.
Ses enfants étaient tristes dans un premier temps,
puis, le chagrin passé, ils grandirent dans la douceur du royaume.

Dix ans passèrent...
Un jour d'hiver, un corbeau se posa sur le rebord de la fenêtre du château.
Gersande fut la première à remarquer le volatile.
Il tenait dans son bec un message dont elle se saisit :

« Mes Anges,
Par-delà les sept mers, les sept terres et les sept montagnes,
se trouve un trésor caché.
Il vous faudra les parcourir.
Cherchez d'abord le chemin pour y parvenir, souvenez-vous "mens sana in corpore sano".

Arrivés au seuil de cette aventure, vous trouverez l'entrée du Labyrinthe d'Akalméia. Le trésor y est dissimulé. »

"Mens sana in corpore sano" : un esprit sain dans un corps sain. Gersande connaissait cette locution latine, sa mère la lui répétait souvent quand elle était petite.
Elle l'avait lu quelque part, mais où ?
Elle montra le message à son frère et à sa sœur. Paxie réagit alors :
« Le jeu de cartes ! »
« Mais oui, bien sûr », rétorqua Frantz, « ce jeu que mère adorait, où est-il ? »
Gersande se précipita dans la chambre de la reine qui était restée intacte depuis toutes ces années.
Elle ouvrit le tiroir du secrétaire et en sortit une pochette de satin vert.
Le jeu de cartes s'y trouvait avec une annotation :
« Le chemin est en toi et sur toi. »

Et c'est ainsi que commence l'histoire du trésor des trois mésanges...

LE MYSTERIEUX
LABYRINTHE

Le CONTINUUM

LE MYSTERIEUX
LABYRINTHE

LA CHAMBRE DU SOLEIL

ÉGOÏSME

LE MYSTÉRIEUX
LABYRINTHE

Le CERF

LE MYSTÉRIEUX
LABYRINTHE

LA BOUGIE

LE MYSTERIEUX
LABYRINTHE

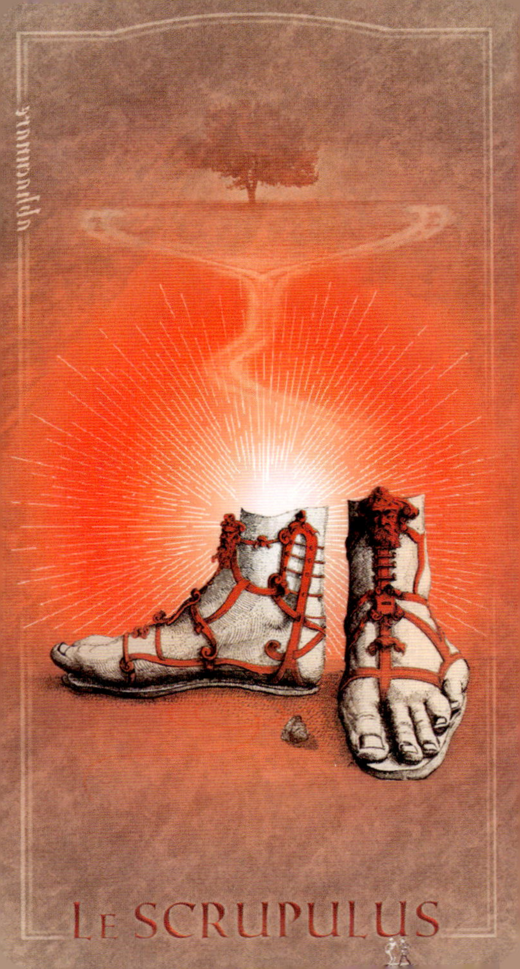
LE SCRUPULUS

LABYRINTHE

$F = G\frac{m_1 m_2}{d^2}$
$i\hbar\frac{\partial}{\partial t}\psi = H\psi$
$x_{t+1} = kx_t(1 - x_t)$
$V - E + F = 2$
$dS \geq 0$
$\nabla \times H = \frac{1}{c}\frac{\partial E}{\partial t}$
$H = -\sum p(x) \log p(x)$
$a^2 + b^2 = c^2$
$E = mc^2$
$\log xy = \log x + \log y$
$i^2 = -1$
$\frac{\partial^2 u}{\partial t^2} = c^2 \frac{\partial^2 u}{\partial x^2}$
LA MARTINGALE

NOSTALGIE

XLIII

MYSTERIUM
LABYRINTHI

L'HABIT

RIGIDITÉ

XXVIII

LE MYSTERIEUX
LABYRINTHE

L'EMPREINTE

MENSONGE

XLVII

L'ARC-EN-CIEL

LE MYSTERIEUX
LABYRINTHE

L'ÉTOILE

INTUITION

XVII

VÉNALITÉ

XVIII

LE MYSTERIEUX
LABYRINTHE

LA CHAMBRE DE SATURNE

MYSTERIEUX
LABYRINTHE

LE SABLIER

LE MYSTERIEUX
LABYRINTHE

La Licorne

LA CHAMBRE DE JUPITER

LE MYSTERIEUX
LABYRINTHE

LE JEU DE CARTES

CRITIQUE

XXI

LA CLEF

Le JOKER

SPONTANÉITÉ

XXIX

AMOUR

LE MYSTERIEUX
LABYRINTHE

LA POULIE

LE MYSTERIEUX
LABYRINTHE

LA CHAMBRE DE MERCURE

FIERTÉ

Le POISON

RELATIVITÉ

L'ÉQUILIBRE

CARPE DIEM

L'ESCARGOT

LE MYSTERIEUX
LABYRINTHE

LE DRAGON

LABYRINTHE

CHARYBDE
& SCYLLA

LE MYSTÉRIEUX
LABYRINTHE

LES AILES D'ICARE

OPPORTUNITÉ
XIV

MYSTERIUM
LABYRINTHI

LA CHAMBRE DE MARS

LE MYSTERIEUX
LABYRINTHE

LE NARCISSE

MYSTERIEUX
LABYRINTHE

LE PHŒNIX

LE MYSTERIEUX
LABYRINTHE

LE PAPILLON

AMERTUME

XIII

LE MYSTERIEUX
LABYRINTHE

L'ARGENT

ALEA JACTA EST

LE MYSTÉRIEUX
LABYRINTHE

LA FÊLURE

AMBITION

XI

COMPASSION

XII

LA CICATRICE

Le Vortex

R

LA FLEUR DE VIE

LA SALAMANDRE

LE MYSTERIEUX
LABYRINTHE

LA CHAMBRE DE SÉLÈNE

LA CHAMBRE DE VÉNUS

LE MYSTÉRIEUX
LABYRINTHE

ALPHA & OMÉGA

LE MYSTERIEUX
LABYRINTHE

LAISSE LES MORTS
ENSEVELIR LEURS MORTS

Le Corbeau

JALOUSIE

JOIE

VII

LÂCHER-PRISE

IX

LE MYSTERIEUX
LABYRINTHE

LE FIL D'ARIANE

LE MYSTERIEUX
LABYRINTHE
L

MENS SANA IN
CORPORE SANO

LA FÉE